¡Explora nuevas ideas!

Bienvenido a tu Taller de lectura y escritura de California

Lee literatura hermosa y textos de ciencias y estudios sociales.

¡Aprende a escribir mejor!

Desarrolla tu vocabulario y tu conocimiento para descubrir las Maravillas de la lectura.

Con la clave de acceso, explora tu *Taller de lectura y escritura* interactivo y practica la lectura atenta y otras actividades.

¡Conéctate! www.connected.mcgraw-hill.com

Maravillas

Lectura / Artes del lenguaje

Autores

Jana Echevarria   Gilberto D. Soto

Teresa Mlawer   Josefina V. Tinajero

Mc
Graw
Hill
Education

Cover and Title pages: Nathan Love

www.mheonline.com/lecturamaravillas

Copyright © 2017 McGraw-Hill Education

Send all inquiries to:
McGraw-Hill Education
Two Penn Plaza
New York, New York 10121

ISBN: 978-0-02-131469-0
MHID: 0-02-131469-1

Printed in the United States of America.

2 3 4 5 6 7 8 9 DOW 20 19 18 17 16 15

A

Descubre las
Maravillas
de la
lectura

Con tu
Taller de lectura
y escritura **podrás:**

- Leer y volver a leer atentamente literatura y textos informativos

- Charlar con tus compañeros sobre lo que leas

- Aprender a descifrar textos complejos

- Comprender lo que hace un escritor

Prepárate para:

- Ser un buen lector
- Aprender a hablar y a escuchar
- Ser un escritor experto

Literatura interesante

Cuentos de aventura y fantasía te llevarán a nuevos mundos. Mediante poemas y cuentos folclóricos descubrirás nuevas maravillas.
¡Todo eso está esperándote!

Textos informativos

Lee acerca de valientes personas y animales increíbles. Aprende datos sorprendentes. Los textos informativos te presentarán el mundo de las ciencias y de los estudios sociales.

A medida que leas, toma notas de lo que no entiendas. Las preguntas de abajo te ayudarán a leer cualquier tipo de texto.

VOCABULARIO

¿Qué puedo hacer si no conozco una palabra? Puedo buscar las claves de contexto. Puedo usar un diccionario.

HACER CONEXIONES

¿Puedo conectar ideas de dos partes diferentes del texto? Esto me puede ayudar a entender mejor el texto.

CARACTERÍSTICAS DEL TEXTO

¿Hay fotos, mapas o diagramas en la selección? También me pueden ayudar.

ESTRUCTURA DEL TEXTO

Saber cómo está organizado el texto me puede ayudar a entender lo que leo.

COLABORA ¿Qué haces cuando no entiendes algo que lees?

Busca evidencias en el texto

Puedes buscar claves en el texto para responder a una pregunta. Eso se llama evidencia en el texto. ¡Lee como un explorador y descubre las claves!

Cientos de peces barracuda nadan juntos en un cardumen.

Explícita.
¿Cuántos peces barracuda nadan juntos?
¡La respuesta está aquí mismo!

En un cardumen los peces están a salvo.

Implícita
¿Cómo se ayudan los peces?
¡Aquí hay una pista!

Evidencias en el texto

A veces encontrarás las respuestas "aquí mismo" en el texto. A veces debes buscar claves en diferentes partes del texto.

Está explícita: ¡aquí!

Algunas preguntas te piden ubicar los detalles, como *¿Cuántos peces barracuda nadan juntos?* Puedes referirte a la respuesta en el texto.

No está explícita: ¡pero esta es mi evidencia!

Piensa en una pregunta, como *¿Cómo se ayudan los peces?* Para responderla, busca una clave. Luego, responde la pregunta con tus propias palabras.

 ¿Qué evidencia en el texto te dice por qué es una buena idea que los peces naden juntos en cardúmenes?

CCSS Sé un escritor experto

Recuerda que los buenos lectores son buenos escritores. Cuando lees un texto atentamente, ves lo que hace un escritor experto. La buena escritura presenta ideas claras, está bien organizada y contiene detalles. Mira cómo aprendió David a escribir un texto informativo.

Modelo de David

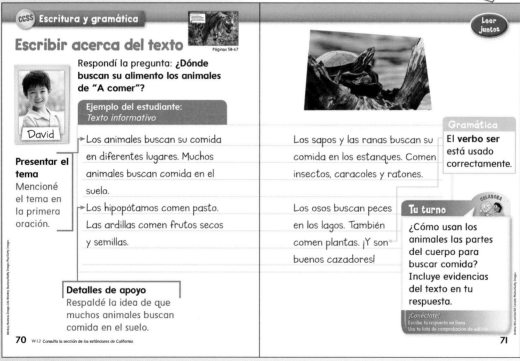

CCSS **Escritura y gramática**

Escribir acerca del texto
Páginas 58-67

Respondí la pregunta: **¿Dónde buscan su alimento los animales de "A comer"?**

Ejemplo del estudiante:
Texto informativo

David

Presentar el tema
Mencioné el tema en la primera oración.

→ Los animales buscan su comida en diferentes lugares. Muchos animales buscan comida en el suelo.

→ Los hipopótamos comen pasto. Las ardillas comen frutos secos y semillas.

Detalles de apoyo
Respaldé la idea de que muchos animales buscan comida en el suelo.

Los sapos y las ranas buscan su comida en los estanques. Comen insectos, caracoles y ratones.

Los osos buscan peces en los lagos. También comen plantas. ¡Y son buenos cazadores!

Gramática
El verbo ser está usado correctamente.

COLABORA
Tu turno
¿Cómo usan los animales las partes del cuerpo para buscar comida? Incluye evidencias del texto en tu respuesta.

¡Conéctate!
Escribe tu respuesta en línea.
Usa tu lista de comprobación de edición.

Leer juntos

70   W.1.2 Consulta la sección de los estándares de California.

71

Escribe acerca del texto

Puedes escribir acerca de algo que has leído atentamente. Presenta tu tema y cita detalles del texto para contar algo acerca del tema. Guíate por la lista de comprobación de abajo.

Textos de opinión ¿Le di un nombre a mi tema? ¿Expresé mi opinión y la justifiqué? ¿Escribí una oración de conclusión?

Textos informativos ¿Establecí mi tema e incluí datos de apoyo? ¿Es convincente mi oración de conclusión?

Textos narrativos ¿Conté los sucesos en orden? ¿Usé palabras de secuencia? ¿Hay detalles que ayudan al lector a entender qué sucede? ¿Mi final es convincente?

COLABORA ¿Sobre qué te gusta escribir?

La gran idea

 ¡Conéctate!   Las lecciones están en www.connected.mcgraw-hill.com

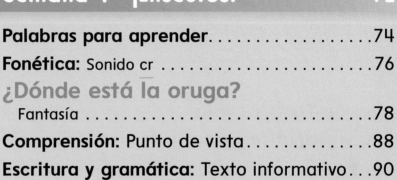

(t) Andy Rouse/The Image Bank/Getty Images; (b) Daniel Moreton

Unidad 5

¿Cómo funciona?

La gran idea

(t) Carmen Marcos; (b) María Paz Silva

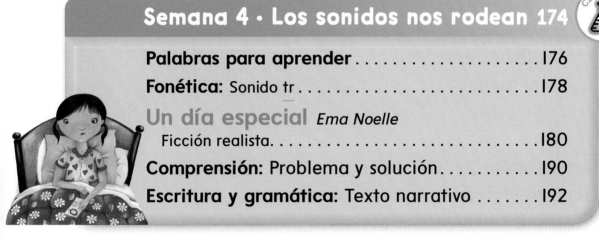

(t) Gabriela Granados; (b) USCG photo by Patrick Kelley

Unidad 6

¡juntos podemos!

La gran idea

(t) Julissa Mora; (b) Masterfile

 ¡Conéctate! Las lecciones están en www.connected.mcgraw-hill.com

TIME FOR KIDS.

(t) Ana Clariana; (b) Steve Dorado

9

Animales por todas partes

El conejo

Mira mis orejas,
mi suave rabito,
mis ojos redondos
y mi hociquito.

Mira mis bigotes,
mis cuatro patitas,
mis tres zanahorias
y mis diez yerbitas.

Isabel Freire de Matos

La gran idea

¿De qué animales sabes
algo? ¿Cómo son?

Concepto semanal
Características de los animales

Pregunta esencial

¿Qué pueden hacer los animales con su cuerpo?

¡Conéctate!

SL.1.1a Consulta la sección de los estándares de California.

Cosas de animales

COLABORA

Coméntalo

¿Qué parte del cuerpo les permite a las jirafas alcanzar las hojas?

atrás

El pingüino de **atrás** sigue al de adelante.

aunque

Aunque es pequeña, la araña es muy hábil.

entonces

El perro tiene sed, **entonces** toma agua.

muestro

Les **muestro** este pollito.

puede

Esta ave **puede** imitar sonidos.

trae

Su mamá les **trae** alimento.

formidable

El león es un animal **formidable**.

orgulloso

Está **orgulloso** de sus plumas.

COLABORA

Tu turno

Di la oración para cada palabra. Luego, haz otra oración.

¡Conéctate! *Usa el glosario digital ilustrado.*

Sonido ch

La palabra **mapache** tiene el sonido ch.
Con este sonido podemos formar
las sílabas cha, che, chi, cho, chu.
Para escribir este sonido, usamos
las letras *c* y *h* juntas.

Estas palabras tienen el sonido ch.

ducha	noche	chica
techo	muchacho	leche
chaleco	chocolate	coche

RF.I.3g Consulta la sección de los estándares de California.

Silvia Álvarez Castellar

La araña Chela teje su tela con sus ocho patas.

De noche se abriga con su chal de hilo.

Tu turno

COLABORA

Busca estas palabras con el sonido ch en "La cola del castor".

Chicho	muchas	hacha
hachó	chata	chiquita
escuchó	chapotear	lancha

Pregunta esencial

¿Qué pueden hacer los animales con su cuerpo?

Lee acerca de un castor y su cola especial.

¡Conéctate!

Valeria Cis

La cola del castor

Había una vez un castor que vivía en el bosque. Su nombre era Chicho.

Estaba muy **orgulloso** de su cola de pelo espeso. Y dedicaba muchas horas a alisarla.

Valeria Cis

"Cuando **muestro** mi cola, todos se asombran. ¡Ven que soy un castor **formidable**!", pensaba el vanidoso Chicho.

Un día, Chicho vio un gran árbol.
Entonces buscó su hacha. Y hachó y
hachó sin parar.

Valeria Cis

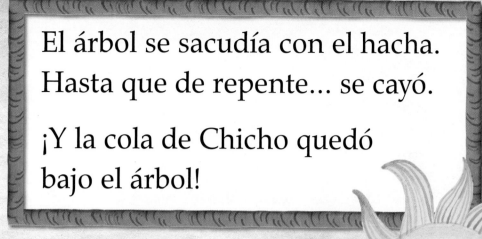

El árbol se sacudía con el hacha. Hasta que de repente… se cayó.

¡Y la cola de Chicho quedó bajo el árbol!

—¡Mi colita! ¡Quedó muy chata y chiquita! —El lamento de Chicho sonaba en todo el bosque.

El sol lo escuchó y lo consoló.

—¡Una cola chata **trae** ventajas, Chicho! —le dijo el sol al castor—. Te **puede** ayudar a nadar más rápido. Y si chapoteas, puedes avisar a los animales que estás cerca.

Chicho se puso contento.

Chicho quería usar su cola, **aunque** no sabía cómo.

Se puso a chapotear en el agua. Cuando los animalitos lo oyeron, dijeron: —¿Qué pasa, Chicho?

Valeria Cis

26

—¡Suban **atrás**!

Chicho estaba muy contento.

¡Y los animalitos usaron la cola
de Chicho como una lancha!

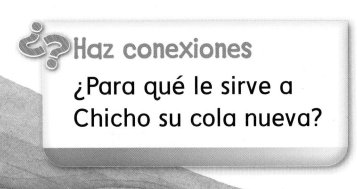

Haz conexiones

¿Para qué le sirve a
Chicho su cola nueva?

Orden de los sucesos

El **orden de los sucesos** es el orden en que aparecen los detalles clave de un cuento. Piensa en lo que sucede primero, después, luego y al final de este cuento folclórico.

 Busca evidencias en el texto

Descubre lo que pasa primero en el cuento.

página 20

Había una vez un castor que vivía en el bosque. Su nombre era Chicho.

Estaba muy **orgulloso** de su cola de pelo espeso. Y dedicaba muchas horas a alisarla.

Valeria Cis

28

Primero

Chicho está orgulloso de su cola.

Después

Un árbol cae sobre su cola y la aplasta.

Luego

El sol le explica las ventajas de tener cola chata.

Al final

La cola nueva de Chicho le permite comunicarse con sus amigos y nadar mejor.

Tu turno

Conversa sobre el orden de los sucesos en "La cola del castor".

¡Conéctate! Usa el organizador gráfico interactivo.

Escribir acerca del texto

Páginas 18-27

Seguí la instrucción: **Escribe un cuento para explicar por qué el conejo amigo de Chicho tiene orejas largas.**

Ana

Orden de los sucesos
Conté los sucesos en orden.

Gramática

El **verbo escuchar** está en **infinitivo**.

Ejemplo del estudiante:
Texto narrativo

Antes, los conejos no tenían orejas largas. Un día, el conejo Ben vio a Chicho con otros castores.

Ben quiso escuchar qué decían.

Se escondió detrás de un árbol.

Sus orejas se atascaron en las ramas.

Image Source/Vetta/Getty Images

Lenguaje figurado
Incluí un ejemplo de lenguaje figurado en mi respuesta.

Ben tiró como loco para liberar sus orejas. Chicho y sus amigos lo ayudaron. Al final, Ben se soltó. Pero sus orejas se habían estirado. Por eso, todos los conejos tienen orejas largas.

Tu turno

Escribe un cuento en el que expliques por qué el sapo croa. Incluye evidencias del texto en tu respuesta.

¡Conéctate!
Escribe tu respuesta en línea.
Usa tu lista de comprobación de edición.

31

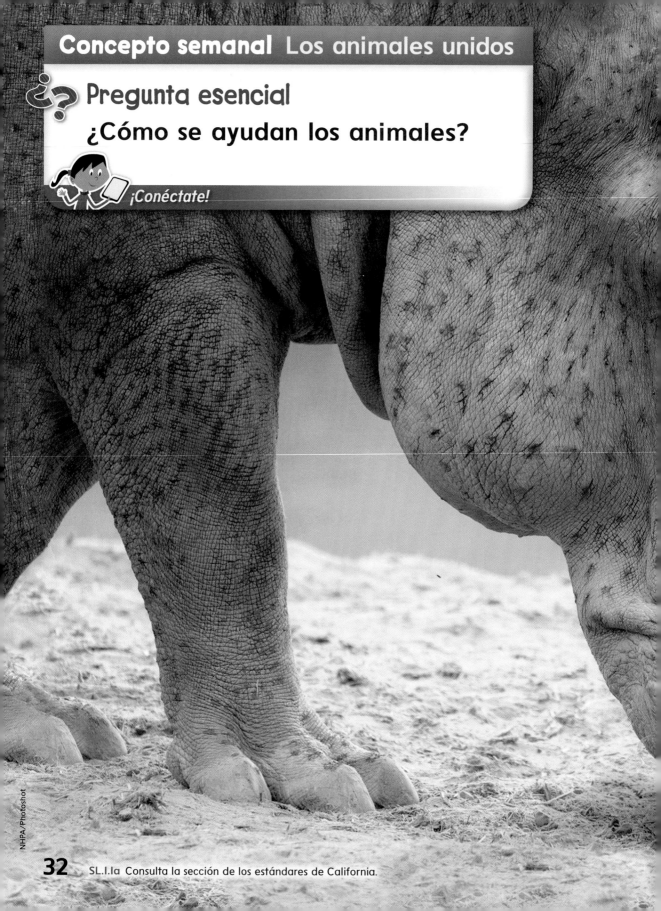

Pregunta esencial

¿Cómo se ayudan los animales?

¡Conéctate!

NHPA/Photoshot

¡En equipo!

Coméntalo

¿Cómo se ayudan el pájaro y el hipopótamo?

cuerpo

Su **cuerpo** está hecho para volar.

difícil

Es **difícil** mantener el equilibrio.

empezar

Los pingüinos van a **empezar** a nadar.

hacia

Este ciervo mira **hacia** atrás.

porque

Las regamos **porque** necesitan agua.

seguir

Las hormigas deben **seguir** un camino.

compañero

El gato es un buen **compañero**.

peligro

Su mamá lo cuida del **peligro**.

COLABORA

Tu turno

Di la oración para cada palabra.
Luego, haz otra oración.

¡Conéctate! *Usa el glosario digital ilustrado.*

RF.I.3g Consulta la sección de los estándares de California.

35

Sonidos y de *ll* y u de *w*

La palabra **llama** comienza con el sonido y de la letra *ll*. Con este sonido y esta letra podemos formar las sílabas lla, lle, lli, llo, llu.

La palabra **kiwi** tiene el sonido u de la letra *w*. Esta letra se usa en muy pocas palabras en español.

Estas palabras tienen el sonido y de la letra *ll* o el sonido u de la letra *w*.

llave	calle	milla
Wanda	Walter	silla
lleno	anillo	ardilla

Silvia Álvarez Castellar

RF.I.3; RF.I.3g Consulta la sección de los estándares de California.

Los pollitos amarillos quieren comer.

Wanda los llama y les da semillas.

Tu turno

COLABORA

Busca estas palabras con el sonido
y de la letra *ll* o con el sonido u de
la letra *w* en "Peces en equipo".

Haw**á**i	be**ll**os	ori**ll**a
llamado	a**ll**í	**ll**ama
llega	mi**ll**ar	

Pregunta esencial

¿Cómo se ayudan los animales?

Lee sobre el modo en que se ayudan los peces.

¡Conéctate!

Martin Strmiska/Alamy

Peces en equipo

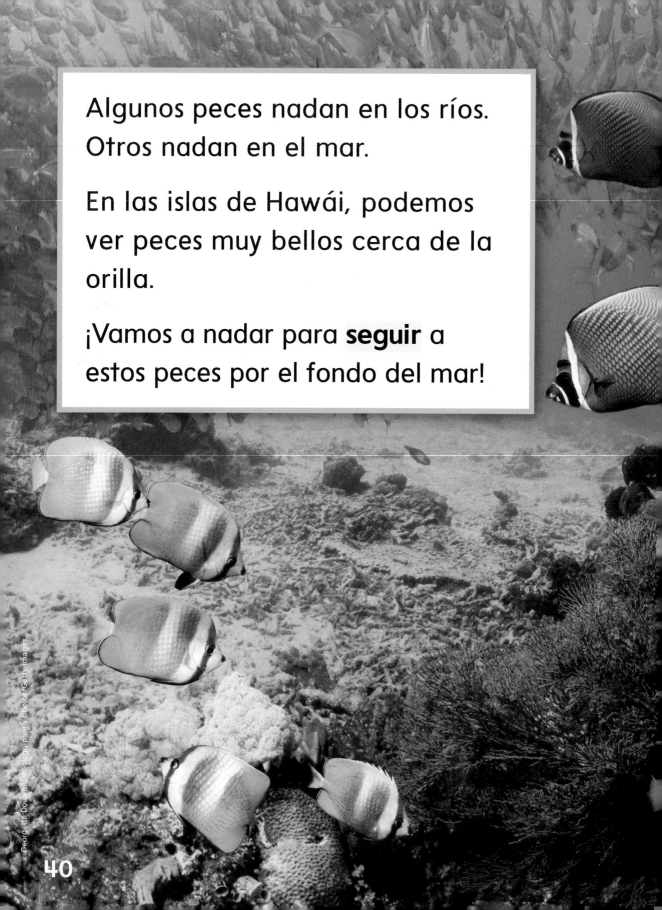

Algunos peces nadan en los ríos. Otros nadan en el mar.

En las islas de Hawái, podemos ver peces muy bellos cerca de la orilla.

¡Vamos a nadar para **seguir** a estos peces por el fondo del mar!

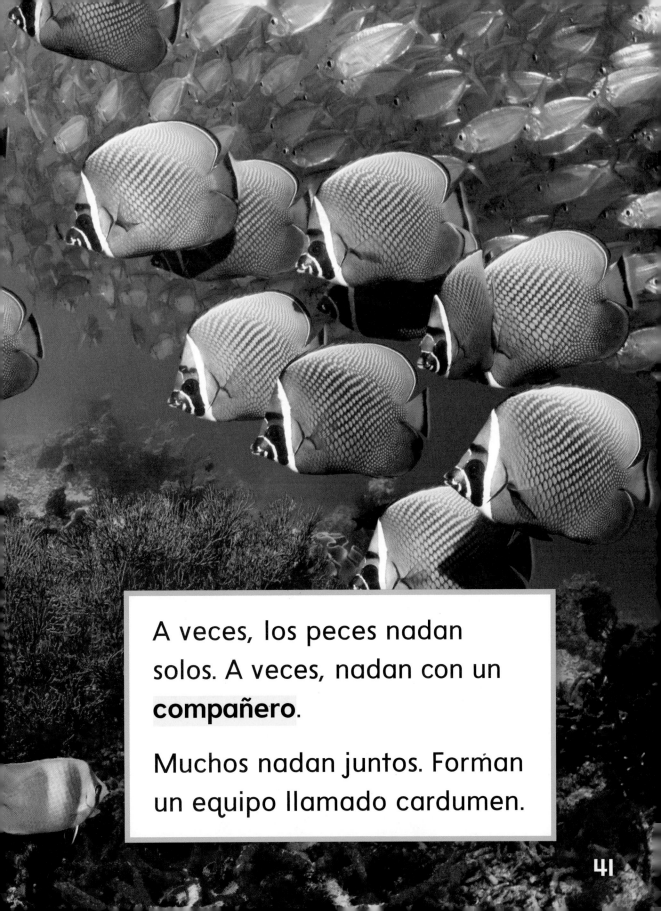

A veces, los peces nadan solos. A veces, nadan con un **compañero**.

Muchos nadan juntos. Forman un equipo llamado cardumen.

En un cardumen hay muchos peces. Para **empezar** a moverse, esperan a estar todos juntos.

Entonces nadan **hacia** el fondo. Allí buscan comida.

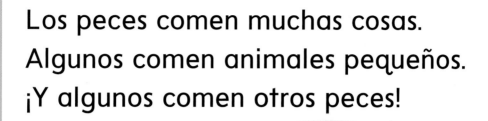

Los peces comen muchas cosas.
Algunos comen animales pequeños.
¡Y algunos comen otros peces!

Los peces gato comen
juntos para estar a salvo.

Los peces están en **peligro** cuando nadan solos. ¿Por qué? **Porque** un pez grande los puede comer.

Pero si están en un cardumen, se pueden esconder.

Un cardumen ordenado llama la atención.

De lejos, parece el **cuerpo** de un animal grande.

¡Y nadie se mete con un animal tan grande!

Las catalufas nadan juntas para evitar que las coma un pez grande.

Aquí llega un pez que busca comida. Pero no se anima a molestar al cardumen... ¡Se imagina que el cardumen es un animal enorme!

En un cardumen, los peces están a salvo.

¡Es **difícil** derrotar a un equipo tan fantástico!

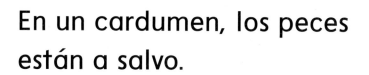

Miles de barracudas nadan juntas.

¿Haz conexiones

¿De qué manera se ayudan los peces? **Pregunta esencial**

Idea principal y detalles clave

La **idea principal** es la idea más importante de la selección.

Los **detalles clave** dan información acerca de la idea principal.

🔍 Busca evidencias en el texto

Busca un detalle que indique cómo se ayudan los peces de un cardumen.

página 42

En un cardumen hay muchos peces. Para **empezar** a moverse, esperan a estar todos juntos. Entonces nadan **hacia** el fondo. Allí buscan comida.

Reinhard Dirscherl/Alamy

Idea principal

En un cardumen, los peces se ayudan.

Detalle

Nadan y buscan comida juntos.

Detalle

Se cuidan entre sí.

Detalle

Mantienen alejados a los peces grandes.

Tu turno

COLABORA

Comenta la idea principal y los detalles de "Peces en equipo".

¡Conéctate! Usa el organizador gráfico interactivo.

Peces en equipo

Escribir acerca del texto

Páginas 38-47

Respondí la pregunta: **En tu opinión, ¿cuáles son las ventajas y las desventajas de ser un pez grande?**

Andrew

Ejemplo del estudiante:
Texto de opinión

Ser un pez grande tiene

cosas buenas y cosas malas.

Los peces grandes no están

tan en peligro. Van de un lado

a otro sin preocuparse. Los

otros peces se asustan de ellos.

¡Nadie los ataca!

Gramática

El **verbo ir** está usado correctamente.

Datos
Incluí un dato sobre los peces grandes para apoyar mi respuesta.

Pero también hay cosas malas. Los peces grandes nadan solos. No tienen ayuda para buscar comida. Los peces pequeños forman un cardumen.

Primero, buscan juntos su comida; luego, la comparten.

Orden de los pasos
Usé palabras para indicar el orden de los pasos.

Tu turno

En tu opinión, ¿cuáles son las ventajas y las desventajas de ser un pez pequeño? Incluye evidencias del texto en tu respuesta.

¡Conéctate!
Escribe tu respuesta en línea.
Usa tu lista de comprobación de edición.

Pregunta esencial

¿Cómo sobreviven los animales en la naturaleza?

¡Conéctate!

Iñaki Relanzón/naturepl.com

52 SL.I.Ia Consulta la sección de los estándares de California.

¡Sobrevivientes!

COLABORA **Coméntalo**

¿Cómo obtiene el águila su comida?

53

embargo

Es difícil; sin **embargo**, saltamos.

gusto

Ellos comparten su **gusto** por las frutas.

habrá

Habrá suficiente alimento para todas.

luego

Primero se para y **luego** camina.

quien

Ella es **quien** cuida el parque.

río

En el **río** hay peces.

insecto

La abeja es
un **insecto**.

susto

¡Un oso puede dar
un gran **susto**!

COLABORA

Tu turno

Di la oración para cada palabra.
Luego, haz otra oración.

¡Conéctate! *Usa el glosario digital ilustrado.*

RF.I.3h Consulta la sección de los estándares de California.

55

Sonido cl

La palabra **clavo** comienza con el sonido cl. Con este sonido podemos formar las sílabas cla, cle, cli, clo, clu.

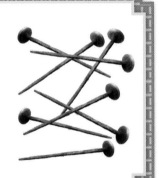

Estas palabras tienen el sonido cl.

clavel	clima	ancla
tecla	inclinar	claro
cloro	clase	clave

Cuando hay buen clima, el oso Cleto sale de paseo.

En un claro del bosque se inclina a oler los claveles.

Tu turno

COLABORA

Busca estas palabras con el sonido cl en "¡A comer!".

clase	incluso	clava
inclina	clima	claro

Pregunta esencial

¿Cómo sobreviven los animales en la naturaleza?

Lee sobre cómo buscan su comida los animales salvajes.

¡Conéctate!

EckPhoto/Alamy

58

¡A COMER!

Todos los animales deben comer para vivir. Sin **embargo**, no todos comen la misma clase de alimentos. Algunos animales grandes, como el hipopótamo, se alimentan de plantas. Este animal puede comer más de 130 libras de pasto por día.

Algunos animales pequeños comparten ese **gusto** por las plantas. ¡Pero comen menos! Esta ardilla come semillas y frutos secos. Puede oler una avellana incluso si está bajo la nieve.

Algunos animales comen otros animales. Este felino corre sin parar para cazar animales. Les clava muy rápido las uñas y los colmillos.

Andy Rouse/The Image Bank/Getty Images

Los sapos y las ranas buscan su comida en los estanques. Esta rana está comiendo un **insecto**. También adora los caracoles. ¡Y los ratones! Los come sin masticar, porque no tiene dientes.

craftvision/Vetta/Getty Images

Algunos animales comen plantas y animales. Esta ave se inclina para buscar semillas y hojas. Pero estará muy contenta si halla un insecto, una víbora o una lagartija.

Esta tortuga pintada come plantas, peces y ranas. Vive en estanques de agua fría. Después de nadar, sale a la orilla para descansar en el clima cálido.

Por la mañana, el oso puede comer plantas. **Luego**, pesca en el **río** claro. Más tarde sale a cazar. Por la noche, en el campamento, **habrá** más comida para buscar...

¡Qué **susto** ver un oso por aquí!
¡Él es **quien** se lleva la comida
del campamento!

Los animales salvajes buscan
comida de muchas maneras.

Juniors Bildarchiv/Alamy

Haz conexiones

¿Qué comen los animales
salvajes? **Pregunta esencial**

Idea principal y detalles clave

La **idea principal** es aquello de lo que trata la lectura.

Los **detalles clave** dan información acerca de la idea principal.

🔍 Busca evidencias en el texto

Busca detalles clave que indiquen lo que comen los animales salvajes.

página 60

Todos los animales deben comer para vivir. Sin **embargo**, no todos comen la misma clase de alimentos. Algunos animales grandes, como el hipopótamo, se alimentan de plantas.

Idea principal

Los animales comen
diferentes alimentos.

Detalle

Algunos
animales
comen
plantas.

Detalle

Algunos
animales
comen otros
animales.

Detalle

Algunos
animales
comen
plantas y
animales.

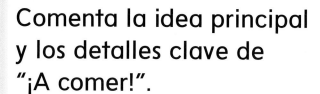

COLABORA

Tu turno

Comenta la idea principal
y los detalles clave de
"¡A comer!".

¡Conéctate! Usa el organizador gráfico interactivo.

RI.I.I Consulta la sección de los estándares de California.

Escribir acerca del texto

Páginas 58-67

David

Respondí la pregunta: **¿Dónde buscan su alimento los animales de "A comer"?**

Ejemplo del estudiante:
Texto informativo

Presentar el tema
Mencioné el tema en la primera oración.

→ Los animales buscan su comida en diferentes lugares. Muchos animales buscan comida en el suelo.

→ Los hipopótamos comen pasto. Las ardillas comen frutos secos y semillas.

Detalles de apoyo
Respaldé la idea de que muchos animales buscan comida en el suelo.

Los sapos y las ranas buscan su comida en los estanques. Comen insectos, caracoles y ratones.

Los osos buscan peces en los lagos. También comen plantas. ¡Y son buenos cazadores!

Gramática

El **verbo ser** está usado correctamente.

Tu turno

COLABORA

¿Cómo usan los animales las partes del cuerpo para buscar comida? Incluye evidencias del texto en tu respuesta.

¡Conéctate!
Escribe tu respuesta en línea.
Usa tu lista de comprobación de edición.

L.1.le Consulta la sección de los estándares de California.

71

Concepto semanal ¡Insectos!

Pregunta esencial

¿Qué insectos conoces? ¿En qué se parecen y en qué se diferencian?

¡Conéctate!

altrendo nature/Altrendo/Getty Images

En el jardín

 Coméntalo

¿En qué se parece la oruga a otros insectos? ¿En qué se diferencia?

esfuerzo

El castor corta el palo con **esfuerzo**.

estudio

Debo hallar insectos para mi **estudio**.

existen

Existen muchos tipos de insectos.

grupo

En este panal hay un **grupo** de abejas.

libro

Leemos un **libro** sobre insectos.

problema

¡Qué **problema** si me pica esta avispa!

elegante

Tengo un sombrero **elegante**.

hermoso

El color de las alas es **hermoso**.

COLABORA

Tu turno

Di la oración para cada palabra. Luego, haz otra oración.

¡Conéctate! Usa el glosario digital ilustrado.

RF.I.3g; RF.I.3h Consulta la sección de los estándares de California.

75

Sonido cr

La palabra **crema** tiene el sonido cr. Con este sonido podemos formar las sílabas cra, cre, cri, cro, cru.

Estas palabras tienen el sonido cr.

cráter	croqueta	escribir
secretos	crudo	creyón
cría	creo	crocante

Silvia Álvarez Castellar

RF.I.3; RF.I.3h Consulta la sección de los estándares de California.

La araña Cris escribe poemas
en secreto.

¡Es una escritora muy creativa!

Tu turno

Busca estas palabras con el sonido
cr en "¿Dónde está la oruga?".

crema	secreto	creo
crees	crujido	crisálida
cristal		

Pregunta esencial

¿Qué insectos conoces? ¿En qué se parecen y en qué se diferencian?

Lee acerca de un grupo de insectos amigos.

¡Conéctate!

78

¡Qué vanidosos!

El sol se asoma. En el jardín, un **grupo** de insectos se junta para hablar.

—Subo a las flores más altas de un salto. ¡No **existen** límites para mí! —comenta el vanidoso saltamontes.

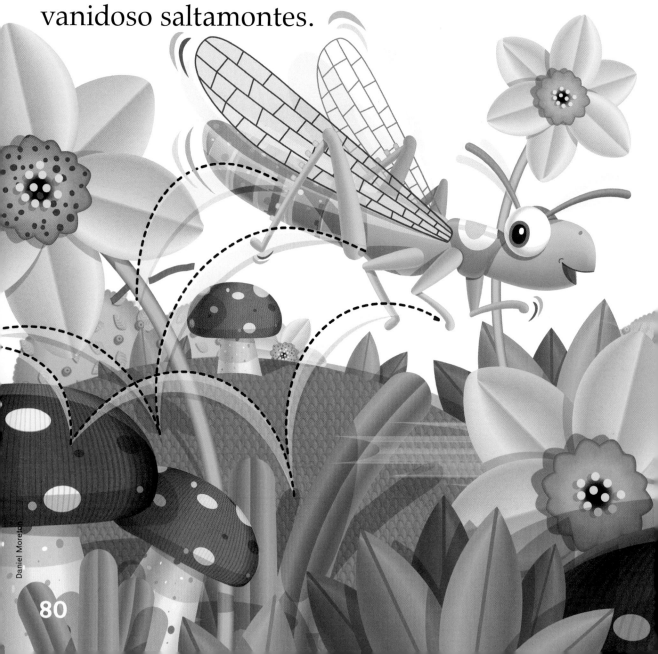

Daniel Moretón

—Yo llevo hojas enormes sin **esfuerzo** —dice la hormiga.

—Mis alas son de un **hermoso** color rojo —dice la catarina.

—Yo recorro el jardín volando en menos de un minuto —añade la abeja.

—¡Yo no! —se lamenta la oruga—.
No sé saltar ni volar. No llevo
hojas sobre el lomo. Ando muy
lentamente por el piso...

La oruga se aleja con pena. Y los
demás se apenan al verla partir.

¿Dónde está la oruga?

A la tarde, la catarina sirve helado de crema para todos. Pero la oruga no está. ¿Adónde fue? ¿Estará en un escondite secreto?

—¿Y si está perdida? —dice el
saltamontes—. ¡Qué **problema**!

—Creo que sé dónde está —comenta
la hormiga—. Cuando está triste,
lee su **libro** favorito bajo el árbol.
A la oruga le encanta el **estudio**.

Y los dos salen a buscarla.

—¿Y si no está allí? —dice la catarina—. Esta mañana vi un pájaro volando... ¿Crees que la atacó?

—Oí un crujido entre las ramas —dice la abeja, asustada—. ¡Vamos a ayudarla!

Y las dos salen volando.

Una amiga elegante

Pasan los días y la oruga no aparece.

Una mañana, llega una **elegante** mariposa de visita.

—¡Volví! —Todos miran a la mariposa sin entender—. Me envolví en una bolsa de hilo llamada crisálida. Dormí por unos días y me desperté así.

Daniel Moreton

—¡Soy yo! Antes era una oruga.
¡Ahora soy una mariposa!

—¡Qué bella! ¡Tus alas son como el
cristal! —suspira la catarina.

—¡Ahora puedo volar!
¡Vamos a jugar! —dice
la mariposa.

¿? Haz conexiones

¿En qué se parecen y en
qué se diferencian los
insectos? **Pregunta esencial**

Punto de vista

El **punto de vista** es lo que un personaje de un cuento piensa o siente.

Busca evidencias en el texto

Busca el punto de vista de uno de los personajes del cuento.

página 84

—¿Y si está perdida? —dice el saltamontes—. ¡Qué **problema**!

Personaje	Pista	Punto de vista
Saltamontes	Cree que la oruga está perdida.	Está preocupado por la oruga.
Abeja	Cree que un pájaro atacó a la oruga.	Quiere salvar a la oruga.
Oruga/ Mariposa	Les dice a sus amigos que puede volar.	Está contenta de poder volar.

Tu turno

Conversa sobre los diferentes puntos de vista en "¿Dónde está la oruga?".

¡Conéctate! *Usa el organizador gráfico interactivo.*

¿Dónde está la oruga?

Escribir acerca del texto

Páginas 78-87

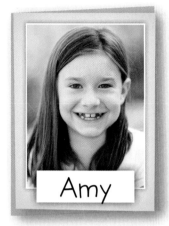

Amy

Respondí la pregunta: **¿Cómo cambia la oruga del cuento?**

Ejemplo del estudiante:
Texto informativo

Al principio, la oruga es verde y amarilla. Tiene lunares azules y círculos rojos.

La oruga no vuela ni salta.

Anda lentamente por el piso.

Comparar y contrastar

Incluí detalles del principio del cuento para compararlos con lo que ocurre al final.

Gramática

El **verbo estar** está usado correctamente.

Al final, la oruga ya no es oruga.

Tiene alas. ¡Es una mariposa!

Está contenta porque puede volar

con sus amigos.

Escribir una conclusión

Escribí cómo se siente la oruga por sus cambios.

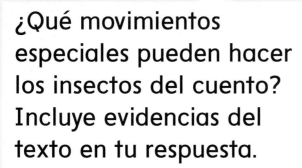

Tu turno

COLABORA

¿Qué movimientos especiales pueden hacer los insectos del cuento? Incluye evidencias del texto en tu respuesta.

¡Conéctate!
Escribe tu respuesta en línea.
Usa tu lista de comprobación de edición.

L.I.Ie Consulta la sección de los estándares de California.

91

Pregunta esencial

¿Cómo trabaja la gente con los animales?

¡Conéctate!

SL.1.1a Consulta la sección de los estándares de California.

Los animales y nosotros

Coméntalo

¿Qué está aprendiendo a hacer este perro?

blanco

Este perro tiene pelo **blanco** y marrón.

encontrar

El perro lo ayuda a **encontrar** el camino.

escribe

Ella **escribe** lo que necesita el gato.

escuchar

Mi caballo se acerca al **escuchar** mi voz.

hablar

Este mono puede **hablar** con señas.

quizá

Quizá salga de paseo con su perro.

astuto

Este pájaro es muy **astuto**.

señal

El perro comprende cada **señal**.

Tu turno

Di la oración para cada palabra. Luego, haz otra oración.

¡Conéctate! **Usa el glosario digital ilustrado.**

RF.I.3g; L.I.4a Consulta la sección de los estándares de California.

Sonido g̲

La palabra **gato** comienza con el sonido g̲. Con este sonido podemos formar las sílabas g̲a, g̲o y g̲u. También podemos formar las sílabas g̲ue y g̲ui. Recuerda que en las sílabas g̲ue y g̲ui, el sonido u̲ no se pronuncia.

Estas palabras tienen el sonido g̲.

g̲alleta	si̲g̲ue	g̲uiso
g̲orro	g̲usano	g̲uitarra
g̲ota	can̲g̲uro	meren̲g̲ue

Godo y Gala son perros de rescate.

Ayudan en el lugar cuando algún guía los necesita.

COLABORA

Tu turno

Busca estas palabras con el sonido g en "De cachorro a perro guía".

guía	algunos	llega
amigo	Magú	juguetón
seguro	seguir	tenga

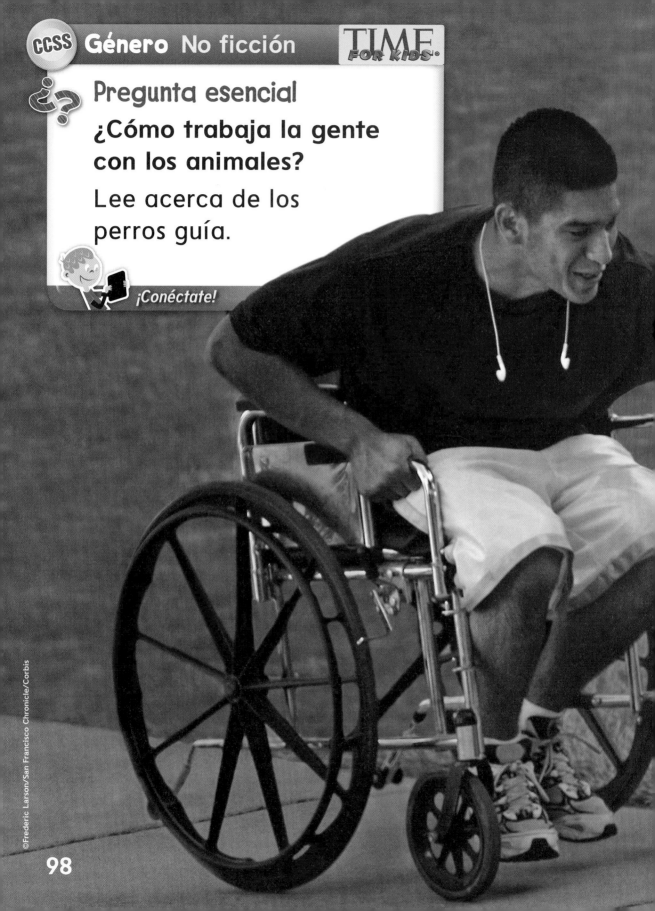

Pregunta esencial

¿Cómo trabaja la gente con los animales?

Lee acerca de los perros guía.

¡Conéctate!

©Frederic Larson/San Francisco Chronicle/Corbis

98

De cachorro a perro guía

Casi todos los perros son mascotas. Pero algunos ayudan a las personas. ¿Cómo llega un cachorro a ser un perro de ayuda?

Un amigo leal

Este perrito **blanco** es Magú. Es un cachorro **astuto** y juguetón. Corre y salta todo el día. Cuando sea mayor, **quizá** sea de gran ayuda para una persona que no puede ver. ¡Y seguro que será un amigo muy leal!

Los perros de ayuda se llaman perros guía. Para ser guía, un cachorro debe ser muy listo. Como debe seguir órdenes, es importante que no tenga mañas. Su entrenamiento puede empezar cuando tiene ocho semanas.

DATO

Los labradores son buenos perros guía. Son listos y siguen las órdenes que les dan.

▼ Un perro guía puede ser grande o pequeño.

En familia

Los cachorros como Magú viven con una familia durante al menos un año. Esa familia los alimenta y les da cariño. También los ayuda a estar sanos y les enseña muchas cosas.

▲ Los cachorros deben ver regularmente al veterinario.

©Jim Craigmyle/Corbis

DATO

Hay cerca de 10,000 perros guía en Estados Unidos y Canadá.

La familia enseña a los cachorros a comportarse bien. Los perros guía deben llevar a cabo muchas tareas en diferentes lugares. Por eso, la familia lleva a los cachorros a conocer la comunidad. Así, los perros podrán **encontrar** el camino y guiar a sus amos.

▲ Este perro acompaña a la niña a un partido.

▼ Cada perro se adiestra por separado.

(t) ©Tom & Dee Ann McCarthy/Corbis; (b) PA/Topham/The Image Works

103

En la calle

Los perros guía ayudan a cruzar la calle a las personas que no pueden ver. Como no saben **hablar**, se comunican con el cuerpo. Aprenden a parar si hay luz roja en el semáforo. De ese modo, su amo sabe que no debe seguir caminando.

DATO

Un perro guía puede ir a los mismos lugares que la persona a la que ayuda.

▲ Este perro guía aprende a cruzar la calle.

Un perro guía
también puede
ayudar a una
persona que no
camina o que no se
puede mover.
El perro hace
diferentes tareas
en el mercado, en
la calle o en la casa.

Un perro guía puede
llamar el elevador y
buscar cosas.

Un oído fino

Hay perros guía que ayudan a personas que no oyen. Al **escuchar** una **señal** de alarma o un grito, los perros le avisan a su amo con la patita o con un tirón en la ropa.

Los perros guía saben que algunos sonidos son alertas de seguridad.

DATO

No se debe molestar a los perros guía cuando están en su trabajo.

¡Listo para guiar!

Enseñar a un perro a ser guía es una tarea delicada. Por eso, cuando una persona adopta un perro guía, **escribe** una nota para dar las gracias a la familia que lo educó.

¡Su trabajo ayuda a mucha gente!

Haz conexiones

¿Qué entrenamiento recibe un perro para ser guía? **Pregunta esencial**

Orden de los sucesos

Los autores a menudo dan información siguiendo un **orden** de tiempo.

Busca evidencias en el texto

Busca algo que pase primero en la vida de un cachorro que será guía.

página 101

Para ser guía, un cachorro debe ser muy listo. Como debe seguir órdenes, es importante que no tenga mañas. Su entrenamiento puede empezar cuando tiene ocho semanas.

Primero

El entrenamiento del cachorro puede empezar cuando tiene ocho semanas.

Después

Una familia lo entrena durante un año.

Luego

El cachorro aprende muchas cosas.
Poco a poco, se convierte en perro guía.

Al final

Alguien que lo necesita adopta al perro guía.

Tu turno

COLABORA

Comenta el orden de los sucesos en la vida de un perro tal como se presenta en "De cachorro a perro guía".

¡Conéctate! Usa el organizador gráfico interactivo.

Páginas 98-107

Escribir acerca del texto

Hassan

Respondí la pregunta: **¿Cómo es el entrenamiento de un perro guía?**

Ejemplo del estudiante:
Texto informativo

Un perro guía se entrena desde muy pequeño. Su entrenamiento empieza cuando tiene ocho semanas.

Primero, va con una familia. Se queda allí por un año.

Palabras que indican orden
Usé palabras que indican orden.

Escribir una conclusión
Escribí qué hace un perro guía después de que termina su entrenamiento.

La familia le enseña a comportarse. También le enseña a hacer diferentes tareas en el mercado, en la calle o en la casa. Al final, el perro deja la familia y ayuda a las personas. Un perro guía hace muchas cosas por la comunidad.

Gramática
El **verbo hacer** está usado correctamente.

COLABORA

Tu turno
¿A quiénes ayudan los perros guía? Incluye evidencias del texto en tu respuesta.

¡Conéctate!
Escribe tu respuesta en línea.
Usa tu lista de comprobación de edición.

©Tom & Dee Ann McCarthy/Corbis

¿Cómo funciona?

La gran idea

¿Cómo podemos entender el mundo que nos rodea?

La sombra

Tengo una sombra sombrita,
que conmigo viene y va.
Dondequiera que yo vaya,
a mi lado siempre está.

De los pies a la cabeza
somos muy parecidos.
Siempre hace lo que yo hago,
eso nunca lo he entendido.

Robert Louis Stevenson

Pregunta esencial

¿Cómo podemos clasificar y categorizar las cosas?

¡Conéctate!

SL.1.1a Consulta la sección de los estándares de California.

Mezclar y emparejar

Les & Dave Jacobs/Cultura/Getty Images

COLABORA

Coméntalo

¿Cómo clasifica estas cosas la niña?

115

bien

El granero se ve **bien** pintado de rojo.

ciudad

Vivo en una **ciudad** grande.

cuatro

Las ovejas tienen **cuatro** patas.

iguales

¡Estos perritos son todos **iguales**!

palabra

Este cartel muestra la **palabra** ALTO.

pues

Cargamos la calabaza entre dos, **pues** pesa.

forma

Las ruedas tienen **forma** redonda.

tirar

Vamos a **tirar** las frutas que no sirven.

COLABORA

Tu turno

Di la oración para cada palabra. Luego, haz otra oración.

¡Conéctate! Usa el glosario digital ilustrado.

(t to b, l to r) Steve Hamblin/Alamy; Rudy Umans/Flickr RF/Getty Images; PHOTO 24/Brand X Pictures/Getty Images; Photodisc Collection/Getty Images; Kent Knudson/PhotoLink/Photodisc/ Getty Images; Digital Vision; age fotostock/SuperStock; Daniel Hurst Photography/Photographer's Choice/Getty Images

RF.I.3g; L.I.4a Consulta la sección de los estándares de California.

Sonido s de las letras c y z

La palabra **zapato** comienza con el sonido s y la letra z. Con esta letra y este sonido podemos formar las sílabas za, ze, zi, zo y zu.

La palabra **celeste** comienza con el sonido s y la letra c. Con esta letra y este sonido podemos formar las sílabas ce y ci.

Estas palabras tienen el sonido s y la letra z o c.

cepillo	zeta	cena
cine	zorro	cima
cereza	azúcar	cebolla

Carmen Marcos

Tengo zapatos azules, celestes y con cintas.

Organizo mi calzado en cajas.

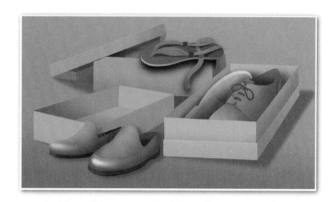

Tu turno

Busca estas palabras con el sonido s y la letra *c* o *z* en "¡A ordenar!".

Ceci	decir	parece
vez	zambullirse	zapatos
cinta	azul	catorce
movediza	encesta	hace

¿? Pregunta esencial

¿Cómo podemos clasificar y categorizar las cosas?

Lee sobre una niña que ordena su habitación.

¡Conéctate!

Carmen Marcos

¡A ordenar!

Matías Alvarado

Ceci vive en una **ciudad** enorme, en un apartamento mediano y en una habitación muy pequeña.

Bueno, a decir verdad, la habitación está tan desordenada que parece pequeña.

Cada vez que Ceci busca algo, debe zambullirse en una pila de juguetes, zapatos y bolitas de papel.

¡Una vez pasó **cuatro** horas buscando su cinta azul para el pelo! La encontró en la página catorce de su libro favorito.

Mamá se asoma por la puerta con un gesto de espanto, pero no se anima a poner un pie en la habitación. En el piso hay una pila de ropa que parece arena movediza. ¡Y teme quedar atrapada!

—¡Ponte a ordenar! —dice mamá—. ¡No es bueno ser desordenada!

Ceci pone cara larga. De su boca sale una única **palabra** que rebota por las paredes:

—¡ABURRIDO!

—Sé que parece mucho trabajo, **pues** hay mucho desorden —dice mamá—. Pero ya verás como al final es mejor para ti.

125

Ceci no tiene ganas de ordenar. Protesta en voz baja: —Aburrido.

Entonces piensa: "Si tengo que ordenar, ¿por qué no lo hago de una **forma** divertida?" Toma un papelito, hace una bolita y... ¡lo encesta!

—¡Muy **bien**! —dice—. ¡Ordenar no es TAN aburrido!

Carmen Marcos

Claro que no puede hacer lo mismo con todo... ¡No puede **tirar** sus juguetes!

Entonces, ¿qué va a hacer con sus muñecas? Mira a su alrededor y ve que hay mucho lugar en los estantes. ¡Hasta hay lugar para otros juguetes!

Ceci pone sus cubos al lado de las muñecas. Busca sus libros y los pone en otro estante.

Al final, encuentra una sorpresa debajo de la cama... ¡una foto de su mamá de cuando era niña! ¡En una habitación desordenada!

Carmen Marcos

Ceci corre a buscar a mamá y le dice: —¡Mamá, mamá! ¡No es bueno ser desordenada!

Mamá le dice sonriendo: —Por algo eres mi hija. ¡Ya ves que somos **iguales**!

Haz conexiones

¿Cómo clasificas y ordenas las cosas de tu habitación?

Pregunta esencial

Punto de vista

El **punto de vista** es la manera en que siente o piensa un personaje de un cuento.

Lo que dice un personaje nos ayuda a comprender su punto de vista.

Busca evidencias en el texto

Busca palabras que te indiquen el punto de vista de alguno de los personajes.

página 125

Ceci pone cara larga. De su boca sale una única **palabra** que rebota vas paredes: —¡ABURRIDO!

¡Aburrido!

Personaje	Pista	Punto de vista
Ceci	Dice que es aburrido ordenar.	No le gusta ordenar.
Mamá	Dice que no es bueno ser desordenada.	Quiere que su hija ordene.

Tu turno

COLABORA

Comenta los diferentes puntos de vista en "¡A ordenar!".

¡Conéctate! Usa el organizador gráfico interactivo.

Escribir acerca del texto

Páginas 120-129

James

Respondí las preguntas: **¿Qué opinas de la habitación de Ceci al comienzo del cuento? ¿Qué consejos le darías para ser ordenada?**

Ejemplo del estudiante:
Texto de opinión

Detalles descriptivos
Incluí detalles que veo en las ilustraciones en mi respuesta.

La habitación es bonita, pero hay mucho desorden. Ceci no guarda sus muñecas. Tampoco guarda su ropa. Todo está por el piso. Ella nunca encuentra nada.

Gramática

La palabra **ella** es un **pronombre personal**. Se usa para hablar de Ceci.

Ken Cavanagh/McGraw-Hill Education

Usar oraciones completas
Escribí oraciones completas para comentar mi opinión.

Ser ordenado es muy fácil. Después de usar algo, debes guardarlo. Debes tener lugares para cada cosa. Por ejemplo, estantes para los juguetes. Y debes tomarte un tiempo para guardarlos. Así, todo estará limpio y ordenado.

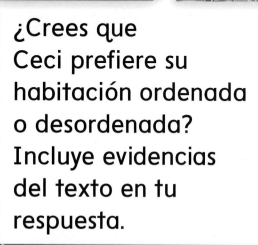

Tu turno

COLABORA

¿Crees que Ceci prefiere su habitación ordenada o desordenada? Incluye evidencias del texto en tu respuesta.

¡Conéctate!
Escribe tu respuesta en línea.
Usa tu lista de comprobación de edición.

Pregunta esencial

¿Qué se ve en el cielo?

¡Conéctate!

Coméntalo

¿Qué mira esta niña
en el cielo nocturno?

La noche y el día

ofrece

Mari le **ofrece** un paraguas a Juana.

otro

La rana salta de un lugar a **otro**.

piensa

Ella **piensa** cuál es la respuesta.

podrás

No **podrás** ver bien con esta niebla.

pregunta

La niña **pregunta** qué hay de comer.

quiere

El gatito **quiere** subir.

enfurruñado

El niño está
enfurruñado.

exacto

Cada pieza tiene un
lugar **exacto**.

Tu turno

COLABORA

Di la oración para cada palabra.
Luego, haz otra oración.

¡Conéctate! *Usa el glosario digital ilustrado.*

RF.1.3g; L.1.4a Consulta la sección de los estándares de California.

Sonidos ai, au, ei, eu, oi

Cuando se pronuncia el sonido de una vocal fuerte (a, e, o) y una vocal débil (u, i) en una misma sílaba, se forma un diptongo. En la palabra **peine** los sonidos de las vocales **e** e **i** están en la misma sílaba. La palabra **peine** tiene el diptongo ei. Otros diptongos son ai, au, ay, eu, ey, oi, oy.

Estas palabras tienen diptongo.

paisaje	autor	hay
reina	reunidos	rey
oigo	voy	aceite

María Paz Silva

RF.I.3g Consulta la sección de los estándares de California.

Augusto se despertó hace veinte minutos.

¡Hoy hay una auténtica tormenta!

COLABORA

Tu turno

Busca estas palabras con diptongo en "Noches de luna".

hay	rey	boina
reina	baila	bailar
soy	aunque	oigo
doy	voy	

¿? **Pregunta esencial**

¿Qué se ve en el cielo?

Lee acerca de cómo unos amigos imaginan la Luna.

¡Conéctate!

María Paz Silva

Noches de luna

Benjamín Rossi

—Veo, veo —dice el ratoncito.

—¿Qué ves? —**pregunta** el gato.

—Algo maravilloso, redondo y blanco.

—¿Qué es?

—Una luna de queso oloroso y blando.

—¿Y cómo es?

En la Luna hay montañas de queso, mares de leche y nubes de crema. El rey usa boina en lugar de corona. ¡**Piensa** que es muy elegante! Cada noche da un banquete y **ofrece** quesitos a sus invitados.

143

—Veo, veo —dice el gato.

—¿Qué ves? —pregunta el perro.

—Algo maravilloso, redondo y blanco.

—¿Qué es?

—Una luna de hilo ovillado.

—¿Y cómo es?

En la Luna hay ríos de lana azulada, campos de hilo y nubes de algodón. Todas las noches, la reina baila en su castillo. ¡Pero el rey no **quiere** bailar! Se sienta en un rincón, **enfurruñado**, hasta que la reina le da un beso en la nariz. ¡Y el rey salta de contento!

—Veo, veo —dice el perro.

—¿Qué ves? —pregunta el ratoncito.

—Algo maravilloso, redondo y blanco.

—¿Qué es?

—Una luna que rebota como una pelota.

—¿Y cómo es?

En la Luna hay un montón de cosas divertidas. Si vas de visita, **podrás** ver un parque lleno de huesos para enterrar. Y un bosque lleno de palitos. ¡Y pelotas y juguetes de hule por todas partes!

147

—Veo, veo —dice una voz desconocida.

—¿Quién es? —preguntan los tres.

—Algo maravilloso, redondo y blanco.

—¿Qué es?

—¡Soy la Luna! Esperaba el momento **exacto** para interrumpir, aunque hace un rato que los oigo conversar.

—¡Hola, Luna! ¿Y cómo eres en verdad?

María Paz Silva

—Soy lo que ven. ¡Y soy lo que imaginan! Pelota redonda, redondo ovillo y redondo queso. Doy luz por la noche y vigilo los sueños. Pero ya es tarde. Veo el Sol a lo lejos. ¡Rodando y rodando me voy para **otro** cielo!

¿❓ Haz conexiones

¿Cómo imagina cada personaje que es la Luna?
Pregunta esencial

Causa y efecto

Una causa es lo que hace que algo suceda en un cuento.

El efecto es lo que sucede.

Para saber cuáles son las causas y efectos de una historia pregúntate: ¿Qué pasó? ¿Por qué pasó?

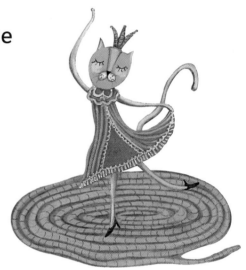

Busca evidencias en el texto

Busca una causa y su efecto en el cuento.

página 145

¡Pero el rey no **quiere** bailar! Se sienta en un rincón, **enfurruñado**, hasta que la reina le da un beso en la nariz. ¡Y el rey salta de contento!

María Paz Silva

Causa		Efecto
La reina le da un beso en la nariz al rey.	⇨	El rey se pone contento.
La Luna ve que el Sol está saliendo.	⇨	Se va rodando para otro cielo.

Tu turno

Conversa sobre las causas y efectos en "Noches de luna".

¡Conéctate! *Usa el organizador gráfico interactivo.*

Noches de luna

Páginas 140-149

Escribir acerca del texto

Seguí la instrucción: **Cuenta cómo imagina la Luna el ratoncito. ¿Qué le pregunta al final?**

Carla

Palabras para describir
Usé adjetivos para describir la Luna.

Claves
Escribí sobre lo que veo en las ilustraciones.

Ejemplo del estudiante:
Texto informativo

El ratoncito ama el queso.

Para él, la Luna es un queso

redondo y blanco.

En la Luna viven miles de

ratoncitos.

En la Luna, nadie tiene hambre.

Hay montañas de queso y

mares de leche.

Steve Debenport/E+/Getty Images

Hay un rey. Es muy elegante y generoso. Todas las noches da una fiesta. Las ratoncitas usan vestido. Al final, el ratoncito le pregunta a la Luna: "¿Cómo eres tú en verdad?".

Gramática

La palabra **tú** es un **pronombre personal**.

Tu turno

Escribe lo que imaginaría un personaje nuevo acerca de la Luna.

¡Conéctate!
Escribe tu respuesta en línea.
Usa tu lista de comprobación de edición.

¿? **Pregunta esencial**

¿Qué inventos conoces?

¡Conéctate!

COLABORA

Coméntalo

¿Cómo se usa
este invento?

Una nueva idea

cualquier

Estos focos alumbran **cualquier** lugar.

doctor

El niño juega a ser **doctor**.

maestro

El **maestro** nos enseña a leer.

nuestro

Este es **nuestro** paraguas.

propio

El niño inventa su **propio** juego.

través

El niño mira a **través** de la ventana.

inusuales

Con esta bici se hacen piruetas **inusuales**.

prever

LUN   MAR   MIÉR   E   VIER

Esta persona se dedica a **prever** el tiempo.

Tu turno

COLABORA

Di la oración para cada palabra.
Luego, haz otra oración.

¡Conéctate! *Usa el glosario digital ilustrado.*

RF.I.3g; L.I.4a Consulta la sección de los estándares de California.

Sonidos ia, ie, io, iu, ua, ue, ui

Cuando se pronuncia el sonido de una vocal fuerte (a, e, o) y una vocal débil (i, u) en una misma sílaba, se forma un diptongo. En la palabra **pie** los sonidos de las vocales **i** y **e** están en la misma sílaba. La palabra **pie** tiene el diptongo ie. Otros diptongos son ia, io, iu, ua, ue, ui, uy.

Estas palabras tienen diptongo.

piano	**hielo**	**camión**
ciudad	**cuaderno**	**cuento**
ruido	**muy**	**tierra**

Silvia Álvarez Castellar

Juana estudió los cambios del agua.

Mostró su trabajo en la Feria de Ciencias de la escuela.

Tu turno

COLABORA

Busca estas palabras con diptongo en "Historia de un inventor de robots".

historia	historietas
decidió	estudiar
movimientos	cuerda
competencias	corrió

Pregunta esencial

¿Qué inventos conoces?

Lee acerca de alguien que inventa robots.

¡Conéctate!

160

Historia de un inventor de robots

Ideas inusuales

Tomotaka Takahashi hace robots realmente **inusuales**. ¿Cómo comenzó con eso?

El señor Takahashi nació en Japón en 1975. De pequeño, jugaba como **cualquier** niño. Pasaba horas armando figuras con bloques de diferentes formas y colores.

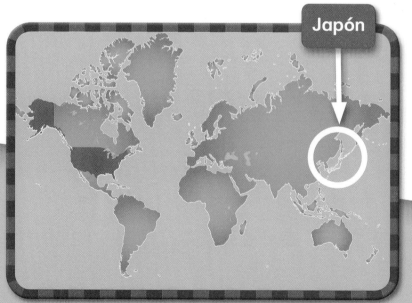

Japón

Cuando era un poco más grande, leía las historietas de un robot llamado Astro Boy. Astro Boy parecía un niño real. A Takahashi le gustaba tanto que decidió hacer su **propio** robot.

Investigando los robots

En 1999, Takahashi comenzó a estudiar los movimientos de los robots. La mayoría de los robots con forma humana caminaban de manera poco natural. ¡Sus movimientos no eran nada parecidos a los de **nuestro** cuerpo!

Takahashi tuvo una idea. Hizo un robot que caminaba de manera más natural. Se movía como una persona.

Mejores robots

En 2003, Takahashi creó su propia compañía de robots. Hizo muchísimos. Hizo un robotito que trepaba un paredón con una cuerda. Otro, más grande, que podía levantar un carro con los brazos. ¡Y otro que anduvo en bici por 24 horas!

Los robots de Takahashi también participaron en competencias. En 2011, diseñó tres robots para una carrera en Hawái. Uno debía nadar, otro debía andar en bici y otro debía correr... ¡durante una semana!

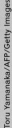

Takahashi tuvo que resolver algunos problemas. El robot que nadaba era resistente al agua. Le hizo brazos con forma de aletas para que nadara más rápido. Otro robot podía andar en bicicleta 100 millas sin detenerse. ¡Y el tercer robot corrió 26 millas!

Es difícil **prever** qué inventará Takahashi en el futuro. ¿Un robot que vuele como Astro Boy? ¿Un robot **maestro**, un robot **doctor**...?

Seguramente, Takahashi seguirá expresándose a **través** de sus robots. ¡Y estos serán cada vez más avanzados!

¿? Haz conexiones

¿Qué tipo de robot te gustaría inventar? **Pregunta esencial**

Problema y solución

Un **problema** es algo que una persona quiere modificar o resolver. La manera en que se resuelve ese problema es la **solución**.

Busca evidencias en el texto

Busca uno de los problemas que se le presentaron al señor Takahashi cuando diseñó los robots para la carrera.

página 167

En 2011, diseñó tres robots para una carrera en Hawái. Uno debía nadar, otro debía andar en bici y otro debía correr... ¡durante una semana!

Toru Yamanaka/AFP/Getty Images

170 RI.I.3 Consulta la sección de los estándares de California.

Problema

Takahashi quería hacer un robot para una carrera. El robot debía nadar.

Pasos para la solución

Hizo un robot resistente al agua y con brazos en forma de aletas.

Solución

Takahashi hizo un robot preparado para nadar.

COLABORA

Tu turno

Comenta otros problemas que tuvo el inventor de "Historia de un inventor de robots" y las soluciones que encontró.

¡Conéctate! *Usa el organizador gráfico interactivo.*

Escribir acerca del texto

Páginas 160-169

Seguí la instrucción: **Mira las páginas 162–165. ¿Qué características tiene un buen inventor?**

Emily

Ejemplo del estudiante:
Texto informativo

Tomotaka Takahashi es un buen inventor. A los buenos inventores les gusta jugar y hacer cosas nuevas.

A Takahashi se le ocurrió hacer un robot. Los inventores obtienen ideas de lugares diferentes.

Datos
Incluí detalles sobre el tema de la lectura.

Palabras que indican orden

Usé las palabras <u>primero</u> y <u>luego</u> para contar el orden en que trabajó Takahashi.

Primero, Takahashi estudió los movimientos de los robots de antes. Se dio cuenta de que no caminaban de forma natural.

Luego, Takahashi hizo un robot que caminaba como una persona.

¡Su robot es fantástico!

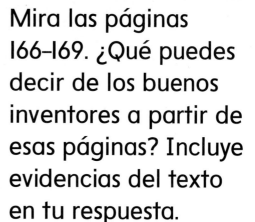

Tu turno

COLABORA

Mira las páginas 166–169. ¿Qué puedes decir de los buenos inventores a partir de esas páginas? Incluye evidencias del texto en tu respuesta.

¡Conéctate!
Escribe tu respuesta en línea.
Usa tu lista de comprobación de edición.

Concepto semanal Los sonidos nos rodean

Pregunta esencial

¿Qué sonidos escuchas? ¿De dónde vienen?

¡Conéctate!

©Corbis

¡Escuchen!

 Coméntalo

¿Qué hacen estos niños para producir sonidos?

175

camino

La cabra sube por un **camino** de piedras.

durante

Durante la noche hubo una tormenta.

larga

Esta flauta es muy **larga**.

manera

Toda la banda se viste de la misma **manera**.

todavía

Todavía estoy aprendiendo a silbar.

todo

El pájaro canta **todo** el día.

gracioso

La niña escucha algo **gracioso**.

nuevamente

Tocará la canción **nuevamente**.

 COLABORA

Tu turno

Di la oración para cada palabra. Luego, haz otra oración.

¡Conéctate! *Usa el glosario digital ilustrado.*

RF.I.3g; L.I.4a Consulta la sección de los estándares de California.

177

Sonido tr

La palabra **tren** comienza con el sonido tr.

Con este sonido podemos formar las sílabas tra, tre, tri, tro, tru.

Estas palabras tienen el sonido tr.

trabajo	trípode	patrulla
otro	truco	letrero
postre	atraso	tripa

Gabriela Granados

Patri leía tranquilo sobre un tronco.

De repente, un tremendo trueno tronó en el cielo.

Tu turno

COLABORA

Busca estas palabras con el sonido tr en "Un día especial".

treinta	triste	atrás
dentro	encuentro	entra
tratarse	mientras	otra
nuestro	travesuras	trampa

Pregunta esencial

¿Qué sonidos escuchas? ¿De dónde vienen?

Lee sobre el misterioso ruido que oye Trini el día de su cumpleaños.

¡Conéctate!

Gabriela Granados

Un día especial

Ema Noelle

Hoy es treinta de marzo. ¡Es un día muy especial para mí, porque hoy cumplo siete años! Pero estoy triste, porque en mi familia parece que nadie se acuerda de mi cumpleaños. Ya estamos todos despiertos y **todavía** nadie me ha dicho "¡Feliz cumpleaños, Trini!".

Gabriela Granados

De repente, se oye un ruido: *¡trin, trin, trin!* ¿Qué será? Quizás hay algo atrás de mi cama... O dentro del armario... Pero no. ¡No encuentro nada!

Pensemos... El ruido entra por la puerta. Debe tratarse de algo que hay en la cocina. ¡En **camino**!

—Hola, papá. ¿Qué estás haciendo?

—Estoy lavando **todo**.

—¡Te ayudaré!

Mientras guardo los platos, busco pistas. ¡Nada! Solo se oye el *pif pif pif* de mi papá lavando. ¡Mi papá se olvidó de mi cumpleaños!

De repente... ¡otra vez el *trin trin trin!*
¡Qué raro! El ruido entra por la ventana,
así que debe ser algo que hay en el
patio. ¡Vamos! ¡De alguna **manera** voy a
resolver este misterio!

—Hola, Tomi. ¿Qué estás haciendo?

—¡Estoy mejorando mi estilo!
¡Mira! —dice Tomi. Luego, bota la
pelota con un *blam blam blam,* se aleja
y lanza—. ¡Una canasta perfecta!

—¡Jugaré contigo!

Gabriela Granados

Tomi y yo jugamos **durante** un rato, pero no me dice "¡Feliz cumpleaños!". ¿También se olvidó?

De repente, escucho **nuevamente** ese ruido misterioso. ¿Qué será ese *trin trin trin*? Quizás nuestro gato está haciendo travesuras... A ver...

Voy al jardín y ¡todos están allí!
Hay una **larga** guirnalda que dice
"FELIZ CUMPLEAÑOS".

—¡SORPRESA! —dicen todos.

—¡Oh! ¡Qué **gracioso**!

Gabriela Granados

—¡Caíste en la trampa! ¡Feliz cumpleaños, Trini! —dice mamá—. Aquí está tu regalo.

—¡Una bicicleta! ¡Me encanta! ¡Es el mejor cumpleaños del mundo!

¿? Haz conexiones

¿Qué sonidos escuchas en el salón de clases? ¿De dónde vienen?

Pregunta esencial

Problema y solución

Un **problema** es algo que los personajes quieren hacer, descubrir o cambiar. La manera en que se resuelve el problema es la **solución**.

 Busca evidencias en el texto

Busca un problema que un personaje del cuento debe solucionar.

página 183

De repente, se oye un ruido: *¡trin, trin, trin!* ¿Qué será? Quizás hay algo atrás de mi cama... O dentro del armario... Pero no. ¡No encuentro nada!

Gabriela Granados

190 RL.I.3 Consulta la sección de los estándares de California.

¡Feliz Cumpleaños!

Problema

Trini oye un ruido extraño y no sabe de dónde viene.

Pasos para la solución

Va a ver si viene de la cocina.

Va a ver si viene del patio.

Va a ver si es el gato en el jardín.

Solución

Descubre que el sonido era el timbre de su bicicleta nueva.

Tu turno

COLABORA

Conversa sobre el problema y la solución de "Un día especial".

¡Conéctate! Usa el organizador gráfico interactivo.

Escribir acerca del texto

Páginas 180-189

Seguí la instrucción: **Vuelve a escribir las páginas 188 y 189, de modo que el origen del sonido sea otro.**

Jacob

Ejemplo del estudiante:
Texto narrativo

➤ Voy al jardín. Todo está en silencio. De repente, otra vez el ruido: *¡trin, trin, trin!*

Presto atención. ¡Viene de las ramas del árbol del vecino!

Oraciones completas
Escribí oraciones completas para expresar mis ideas.

Gramática

El **verbo hago concuerda** con el **pronombre yo**.

Me asomo por la cerca. ¡Hay un nido! Veo muchos pajaritos bebé dentro.

La mamá llega volando y les da comida. Yo hago silencio para no asustarla.

Tu turno

Escribe un cuento de detectives acerca de un sonido. Usa la misma estructura de "Un día especial".

¡Conéctate!
Escribe tu respuesta en línea.
Usa tu lista de comprobación de edición.

Oración de cierre
Añadí una oración que me permite concluir la narración.

Pregunta esencial

¿Cómo se construyen las cosas?

¡Conéctate!

Huntstock/Getty Images

SL.I.Ia Consulta la sección de los estándares de California.

¡Y así se forma!

 Coméntalo

¿Qué construye este carpintero?

¿Cómo lo hace?

frente

Ella repara el **frente** de su maqueta.

importante

Es **importante** ahorrar para el futuro.

lograr

Es difícil **lograr** que los bloques no se caigan.

obra

Hay dos grúas en esta **obra** en construcción.

próximo

¡Volveremos a esta playa el año **próximo**!

pueblo

Mis primos viven en un **pueblo** en la montaña.

equilibrio

Este hombre tiene buen **equilibrio**.

secciones

Esta cerca tendrá muchas **secciones**.

Tu turno

COLABORA

Di la oración para cada palabra. Luego, haz otra oración.

¡Conéctate! **Usa el glosario digital ilustrado.**

RF.I.3g Consulta la sección de los estándares de California.

197

Sonido <u>u</u> en g<u>ü</u>e, g<u>ü</u>i

Para que se pronuncie el sonido u en las sílabas güe, güi, se ponen dos puntos sobre la letra *u*. A estos dos puntos se les llama diéresis. En las sílabas gue, gui, la *u* no tiene diéresis, y por eso no se pronuncia el sonido u.

En la palabra **pingüino** sí se pronuncia el sonido u.

Estas palabras tienen el sonido u en güe, güi.

cigüeña	paragüitas	antigüedad
desagüe	agüita	vergüenza
yegüita	lengüita	bilingüe

Santi vio muchos pingüinos en el zoológico.

También vio cigüeñas jugando en el agüita.

Tu turno

Busca estas palabras con el sonido u en güe, güi en "Cómo se hace un barco".

antigüedad   **averigüémoslo**

pingüinos

¿? **Pregunta esencial**

¿Cómo se construyen las cosas?

Lee acerca de los pasos que se dan para construir un barco.

¡Conéctate!

Cómo se hace un barco

Los barcos han servido desde la antigüedad para que las personas viajen por el mundo o trasladen sus cosas. ¿Cómo se hace un barco? ¡Averigüémoslo!

Esta **obra** en construcción es un barco. Para hacerlo se necesitan muchos obreros y muchas piezas y herramientas. Veamos cómo se construye, paso a paso.

Estas personas estudian los planos del barco. ¡Hay mucho que hacer!

Un gran armazón

Primero, se construye un armazón. Los obreros deben **lograr** que el armazón esté en **equilibrio**. Por eso lo apoyan en grandes bloques. Con las grúas levantan y mueven pesadas piezas de acero. ¡Deben tener mucho cuidado para no lastimarse!

Estas grúas pueden levantar 1,500 toneladas a una altura de 230 pies.

©Lo Mak/Redlink/Corbis

Planchas de acero

Primero, se funden dos tipos de metales para formar acero. Para hacer planchas, se vierte el acero en un molde mientras está caliente. Al enfriarse, el acero se endurece. Es entonces cuando las planchas de acero están listas para el barco.

¡Mantén la distancia! El acero está muy caliente.

Getty Images

Los obreros unen los bordes de las planchas con una máquina soldadora. Usan guantes y cascos para protegerse las manos y la cabeza.

Revisar y pintar

Los obreros verifican que las uniones estén bien selladas en el **frente** y en los costados del barco. Es muy **importante** cerrar bien todos los agujeros. No debe entrar ni la más mínima gota de agua... ¡El barco podría hundirse!

Al final, se pintan todas las **secciones** del barco... ¡y el barco está terminado! Su **próximo** destino podría ser un pequeño **pueblo** o una gran ciudad...

¡Al mar!

Desde el barco, la gente se despide y parte a su primera travesía. En su viaje al sur, verán ballenas y pingüinos. Desde el puerto la gente también despide el barco con mucha alegría. ¡Buena suerte!

¿Lo sabías?

Hay muchos tipos de barcos en el mar.

Rompehielos ▼

Portaaviones ▼

Carguero ▼

Haz conexiones

¿Qué pasos son peligrosos cuando se construye un barco? **Pregunta esencial**

Causa y efecto

Una **causa** es el motivo por el que sucede algo. Un **efecto** es lo que sucede.

🔍 Busca evidencias en el texto

Busca la causa de que el acero se endurezca.

página 204

Primero, se funden dos tipos de metales para formar acero. Para hacer planchas, se vierte el acero en un molde mientras está caliente. Al enfriarse, el acero se endurece.

RI.1.3 Consulta la sección de los estándares de California.

Causa		Efecto
El acero se enfría.	→	El acero se endurece.
Los obreros usan guantes y cascos.	→	Los obreros están protegidos.
Hay agujeros.	→	El agua entra en el barco y puede hundirse.

Tu turno

Comenta algunas causas y efectos de "Cómo se hace un barco".

¡Conéctate! **Usa el organizador gráfico interactivo.**

Escribir acerca del texto

Páginas 200-209

Michael

Respondí la pregunta: **¿Cuál crees que es el paso más importante en la construcción de un barco? ¿Por qué?**

Ejemplo del estudiante:
Texto de opinión

Leí "Cómo se hace un barco".

Creo que el paso más importante es hacer el armazón. Los barcos necesitan armazones resistentes para navegar.

Tema
Mencioné el título de la lectura y el tema.

Gramática

La palabra **resistentes** es un **adjetivo calificativo**.

Primero, los trabajadores preparan una buena base.

Luego, hacen planchas de acero.
Las ponen en los lados del barco.

Creo que el armazón es
el paso más importante.
Debe estar bien hecho.
Si no está bien hecho,
puede haber filtraciones.

Argumentos
Escribí un argumento que apoya mi opinión.

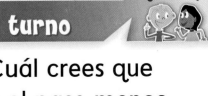

Tu turno

¿Cuál crees que es el paso menos importante para construir un barco? ¿Por qué? Incluye evidencias del texto en tu respuesta.

¡Conéctate!
Escribe tu respuesta en línea.
Usa tu lista de comprobación de edición.

¡Juntos podemos!

Dame la mano

Dame la mano y danzaremos;
dame la mano y me amarás.
Como una sola flor seremos,
como una flor, y nada más...

El mismo verso cantaremos,
al mismo paso bailarás.
Como una espiga ondularemos,
como una espiga, y nada más.

Te llamas Rosa y yo Esperanza,
pero tu nombre olvidarás,
porque seremos una danza
en la colina, y nada más...

Gabriela Mistral

La gran idea

¿Cómo nos ayuda el trabajo en equipo?

Pregunta esencial

¿Cómo podemos trabajar juntos para mejorar nuestras vidas?

¡Conéctate!

¡Tú puedes hacerlo!

Coméntalo

¿En qué trabajan juntas estas personas?

217

abrir

El abuelo acaba de **abrir** la puerta.

aceptar

¡Claro que quiero **aceptar** el paquete!

actividad

En esta ciudad hay mucha **actividad**.

cuanto

Cuanto más estudia, más aprende.

explicar

La niña quiere **explicar** lo que sabe.

varios

Los niños llevaron **varios** tipos de comida.

emergencia

Los bomberos acuden en una **emergencia**.

exigir

La gente puede **exigir** cosas al gobierno.

COLABORA

Tu turno

Lee la oración para cada palabra. Luego, haz otra oración.

¡Conéctate! Usa el glosario digital ilustrado.

RF.I.3h; L.I.4a Consulta la sección de los estándares de California.

219

Sonido bl

La palabra **bloque** comienza con el sonido bl. Con este sonido podemos formar las sílabas bla, ble, bli, blo, blu.

Estas palabras tienen el sonido bl.

tabla	cable	público
hablo	blusa	blando
amable	niebla	blanco

Julissa Mora

Pablo va a la biblioteca del pueblo.

Habla con Blanca, la amable bibliotecaria.

Tu turno

COLABORA

Busca estas palabras con el sonido bl en "Todo es posible con ganas".

posible   población

pública   hablaba

biblioteca

¿? **Pregunta esencial**

¿Cómo podemos trabajar juntos para mejorar nuestras vidas?

Lee sobre la vida de un maestro muy especial.

¡Conéctate!

Julissa Mora

Todo
es posible
con ganas

Marina Vargas

En 1930, en una casita de la ciudad de La Paz, en Bolivia, nació Jaime Escalante.

Su mamá y su papá eran indígenas aymaras, como gran parte de la población de La Paz. Y eran maestros en su comunidad. Por eso, Jaime creció en una casa llena de libros. ¡Y le encantaba!

América del Sur

Bolivia

La Paz

Julissa Mora

224

Pero lo que más le gustaba eran los números. ¡Hacer cuentas y resolver problemas le resultaba de lo más divertido!

Al terminar la escuela secundaria, decidió dedicarse a la misma **actividad** que sus padres. ¡Era la mejor manera de compartir su amor por los números con los demás!

Durante doce años, enseñó matemáticas en escuelas de su ciudad natal.

En 1964, con ganas de viajar, Jaime fue a estudiar ciencias y matemáticas a Puerto Rico. Un tiempo después, decidió conocer Estados Unidos, y por eso se mudó a California.

San Juan
Puerto Rico

En **cuanto** llegó, comenzó a trabajar intensamente. De día tenía **varios** trabajos. De noche, estudiaba inglés, electrónica y matemáticas.

En 1976, obtuvo un título que le permitía dar clases en Estados Unidos. Comenzó a enseñar en Garfield, una escuela secundaria pública de Los Ángeles.

Debía **explicar** matemáticas a adolescentes con serios problemas de comportamiento. ¿Cómo les podía **exigir** que estudiaran? ¿Cómo les podía contagiar su pasión por los números?

Para los estudiantes era difícil **aceptar** que aprender... ¡podía ser divertido!

Pero Jaime les hablaba de una manera simple.

Julissa Mora

De a poco, les enseñó a pensar cosas cada vez más difíciles. En 1982 un grupo se animó a rendir el examen de cálculo. ¡Todos pasaron!

Las autoridades tuvieron una reunión de **emergencia**. ¡Creían que no era posible que todos pasaran! Pero los estudiantes hicieron el examen nuevamente. ¡Y pasaron!

Siguiendo ese ejemplo, más de 400 estudiantes en Garfield se prepararon para rendir todo tipo de exámenes avanzados. Jaime recibió muchos reconocimientos por inspirar a los estudiantes. Entre ellos, la medalla presidencial a la Excelencia en Educación, en 1988.

Julissa Mora

Su vida inspiró la famosa película *Con ganas de triunfar*. Esta película fue tan importante que desde 2011 forma parte de la colección de la Biblioteca del Congreso.

Siempre apuntando a **abrir** la puerta de la esperanza y el esfuerzo, Jaime Escalante nos enseñó que todos podemos aprender... y que todo es posible con ganas.

Haz conexiones

¿Qué influencia tuvo Jaime Escalante en la vida de sus estudiantes?

Pregunta esencial

Tema

El **tema** es la idea más importante de un texto.

 Busca evidencias en el texto

Busca pistas que te ayuden a comprender el tema.

página 231

Siempre apuntando a **abrir** la puerta de la esperanza y el esfuerzo, Jaime Escalante nos enseñó que todos podemos aprender... y que todo es posible con ganas.

Julissa Mora

Pista

Jaime enseñaba matemáticas a jóvenes con problemas de comportamiento.

Pista

Jaime les enseñó a pensar cosas cada vez más complicadas.

Pista

En 1982, todos los estudiantes pasaron el examen de cálculo.

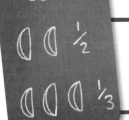

Tema

Todo es posible con ganas.

Tu turno

Comenta el tema de "Todo es posible con ganas".

¡Conéctate! Usa el organizador gráfico interactivo.

Escribir acerca del texto

Páginas 222-231

Billy

Seguí la instrucción: **Escribe una carta a Jaime Escalante como si fueras uno de sus estudiantes**.

Ejemplo del estudiante:
Texto narrativo

Querido profesor:

Nunca me gustaron las matemáticas. Cuando intentaba resolver un problema, solo veía números y símbolos sin sentido. Pero un día, usted llegó a la escuela de Garfield. ¡Y todo cambió!

Detalle
Incluí un detalle de la biografía en mi carta.

Longitud de las oraciones
Combiné oraciones cortas y largas para hacer mi carta más interesante.

KidStock/Blend Images/Getty Images

Recuerdo cuando nos enseñó a dividir. No escribió números en el pizarrón. Cortó una manzana en cuatro partes. Luego, las repartió. Nos ayudó a ver que las matemáticas son parte de la vida cotidiana.

¡Gracias, profesor!

Mati

Gramática

La palabra **cuatro** es un **adjetivo numeral**.

COLABORA

Tu turno

Escribe una carta a alguien que admires. Explica por qué admiras a esa persona.

¡Conéctate!
Escribe tu respuesta en línea.
Usa tu lista de comprobación de edición.

Pregunta esencial

¿Quién te ayuda?

¡Conéctate!

LWA/The Image Bank/Getty Images

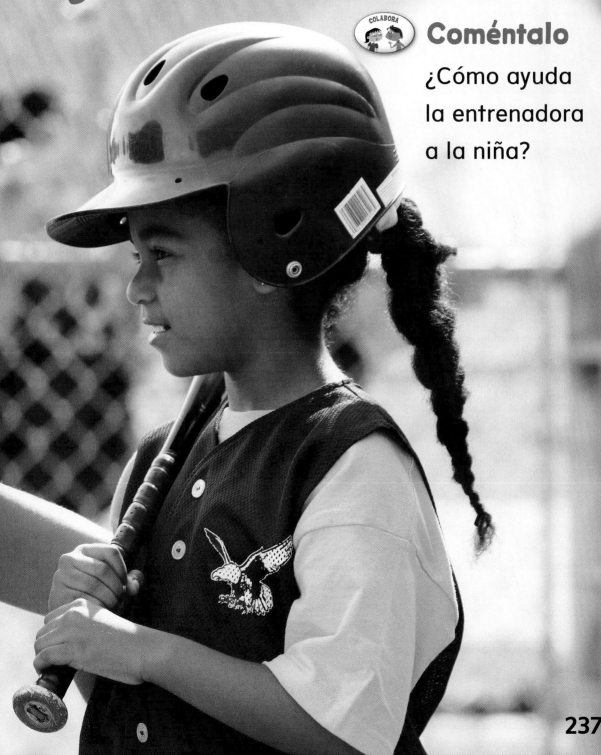

Manos amigas

COLABORA

Coméntalo

¿Cómo ayuda
la entrenadora
a la niña?

carácter

Mi amigo tiene muy buen **carácter**.

cumplir

¡Qué lindo es **cumplir** con nuestras tareas!

madre

Mi **madre** me enseña a jugar al fútbol.

padre

Mi **padre** me enseña a nadar.

presentar

Voy a **presentar** mi dibujo a la clase.

principio

Estamos leyendo el **principio** del cuento.

habitual

Es **habitual** que comamos juntos.

recibir

¡Me encanta **recibir** regalos!

Tu turno

COLABORA

Di la oración para cada palabra. Luego, haz otra oración.

¡Conéctate! Usa el glosario digital ilustrado.

RF.I.3h; L.I.4a Consulta la sección de los estándares de California.

239

Sonido <u>br</u>

La palabra **li<u>br</u>o** tiene el sonido <u>br</u>.

Con este sonido podemos formar las sílabas <u>bra</u>, <u>bre</u>, <u>bri</u>, <u>bro</u>, <u>bru</u>.

Estas palabras tienen el sonido <u>br</u>.

o<u>br</u>a	<u>br</u>illo	a<u>br</u>igo
<u>br</u>azo	<u>br</u>eve	li<u>br</u>e
so<u>br</u>e	fá<u>br</u>ica	som<u>br</u>a

Brenda me ayuda con los regalos.

Los abrimos sobre la mesa y celebramos.

Tu turno

Busca estas palabras con el sonido br en "Mucha gente nos ayuda".

abre   brindar   sobre

brazo   hombro   palabras

Pregunta esencial

¿Quién te ayuda?

Lee sobre las diferentes maneras en que ayudan las personas de tu comunidad.

¡Conéctate!

Superstudio/The Image Bank/Getty Images

242

Mucha gente nos ayuda

Todos los días, la gente abre su corazón y nos ayuda de diferentes maneras. Ayudar es hacer algo por los demás. Es brindar a otras personas lo que necesitan, y es intentar que su vida sea mejor.

¿Qué personas nos ayudan día a día?

Nuestra familia suele ayudarnos. Nos ama y nos acepta. ¡Esa es una forma de ayudarnos!

Una familia puede tener una **madre** y un **padre**. Este niño también tiene un hermano mayor. Su hermano lo ayuda a **cumplir** con sus obligaciones, como las tareas de la escuela.

Al **principio**, es **habitual** que
la escuela resulte algo rara. Las
maestras y los maestros nos ayudan
a adaptarnos. Nos ayudan a leer,
a escribir y a **presentar** nuestros
trabajos. Nos hablan sobre muchas
cosas interesantes.

Big Cheese Photo/Alamy

246

Los entrenadores también nos ayudan. Este entrenador enseña a los niños a lanzar y a **recibir** la pelota. Les dice qué movimientos deben hacer con el brazo y el hombro.

¿Alguien te ha enseñado algún deporte?

Los médicos nos ayudan a cuidar nuestra salud. Los visitamos para hacernos un control. Y también cuando nos sentimos enfermos.

La niña de la foto tiene mucha tos. La doctora la va a ayudar a sentirse mejor.

Jose Luis Pelaez, Inc/Getty Images

¿Vas a la escuela en autobús o vas caminando?
Vayas como vayas, mucha gente ayuda para
que llegues bien a tu destino.

Otras personas se aseguran de que estemos
siempre a salvo. Los bomberos y los policías,
por ejemplo, nos protegen siempre.

Algunos niños y niñas necesitan un adulto con quien conversar. En ciertos espacios los niños y niñas comparten actividades con adultos. A veces, los adultos pueden darnos palabras de apoyo y ser nuestros amigos.

Un grupo especial llamado **Big Brothers Big Sisters** apadrina a niñas y niños.

Hay mucha gente a nuestro alrededor. Cada uno tiene un **carácter** y una forma de ser diferente, y ayuda como puede.

Nuestra familia nos ama. Los maestros nos enseñan. Los médicos cuidan nuestra salud. Los bomberos y los policías nos cuidan en las calles. Todos ofrecen algo útil y necesario para vivir mejor en la comunidad.

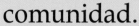 **Haz conexiones**

¿Qué personas te ayudan en tu comunidad? ¿Cómo te ayudan?

Pregunta esencial

Propósito del autor

El **propósito del autor** es la razón por la cual un autor escribe un texto.

🔍 Busca evidencias en el texto

Busca una pista que te ayude a comprender el propósito del autor.

página 251

Hay mucha gente a nuestro alrededor. Cada uno tiene un **carácter** y una forma de ser diferente y ayuda como puede.

Nuestra familia nos ama. Los maestros nos enseñan. Los médicos cuidan nuestra salud. Los bomberos y los policías nos cuidan en las calles. Todos ofrecen algo útil y necesario para vivir mejor en la comunidad.

Comstock/PunchStock

Pista	Pista
Las familias nos aman. Los maestros nos enseñan.	Los médicos, los policías y los bomberos nos cuidan.

Propósito del autor

Enseñar que hay muchas maneras de ayudar a los demás.

Tu turno

COLABORA

Comenta cuál fue el propósito del autor al escribir "Mucha gente nos ayuda".

¡Conéctate! *Usa el organizador gráfico interactivo.*

Escribir acerca del texto

Páginas 242-251

Seguí la instrucción: **Elige una persona de "Mucha gente nos ayuda" que te haya ayudado en alguna ocasión. Escribe cómo te ayudó.**

Farah

Ejemplo del estudiante:
Texto informativo

Tema
Escribí sobre una persona que me ha ayudado.

La conductora de mi autobús me ayuda a llegar a la escuela. Es la señora Pérez. ¡La señora Pérez es genial!

Usar tu propia voz
Conté lo que opino de la señora Pérez.

El primer día de escuela estaba muy nerviosa. Ella me tranquilizó. Me dijo dónde debía bajarme.

Laura Natividad/Moment Open/Getty Images

Gramática

Los verbos **decir** e **indicar** son **sinónimos**. Los verbos **subir** y **bajar** son **antónimos**.

La señora Pérez se preocupa por todos los niños del autobús. Cuando subimos, nos dice dónde sentarnos. Cuando bajamos, nos indica cuándo cruzar la calle.

¡La señora Pérez nos cuida!

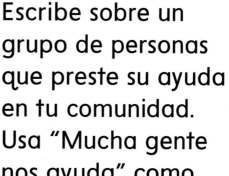

COLABORA

Tu turno

Escribe sobre un grupo de personas que preste su ayuda en tu comunidad. Usa "Mucha gente nos ayuda" como ejemplo.

¡Conéctate!
Escribe tu respuesta en línea.
Usa tu lista de comprobación de edición.

moodboard/Alamy

L.I.lj Consulta la sección de los estándares de California.

255

 Pregunta esencial

¿Cómo nos afecta el tiempo?

¡Conéctate!

¡Nevazón!

Coméntalo

¿Qué hacen de una manera diferente estas personas en la nieve?

aprender

Los niños quieren **aprender** a esquiar.

campo

Los niños juntan las hojas del **campo**.

diferente

Una manzana tiene **diferente** color.

obtener

¡Entrenaron duro para **obtener** el premio!

principal

¿Quién sabe cuál es la idea **principal**?

reunir

Los niños se suelen **reunir** para jugar.

etcétera

Ella junta flores rojas, blancas, **etcétera**.

país

Este es el mapa de nuestro **país**.

Tu turno

COLABORA

Lee la oración para cada palabra. Luego, haz otra oración.

¡Conéctate! *Usa el glosario digital ilustrado.*

(t to b, l to r) Radius Images/Alamy; Ron Chapple/Thinkstock/Getty Images; Ingram Publishing; Belinda Images/SuperStock; MBI/Alamy; NewStock/Alamy; Ariel Skelly/Blend Images/Getty Images; Corbis Premium RF/Alamy

RF.I.3g; L.I.4a Consulta la sección de los estándares de California.

Sonido pl

La palabra **pluma** comienza con el sonido pl.

Con este sonido podemos formar las sílabas pla, ple, pli, plo, plu.

Estas palabras tienen el sonido pl.

playa	completo	aplicar
diploma	plano	simple
plato	réplica	explota

Ani cumplió años en pleno verano.

Sopló las velas y todos aplaudimos.

Tu turno

COLABORA

Busca estas palabras con el sonido pl en
"Un vaquero en la nieve".

playa   plumas   plaza

contemplar   plan   plástico

completo   aplausos

Pregunta esencial

¿Cómo nos afecta el tiempo?

Lee acerca de un niño que descubre la nieve.

¡Conéctate!

Ana Clariana

262

Un vaquero en la nieve

Antonio Medel

Matías y su familia acaban de mudarse a
la ciudad. La casa es muy bonita y todos
están contentos. Todos, excepto Matías.
¡No imaginaba que iba a recibirlos semejante
nevada! En esta época del año, en su ciudad,
solía ir a la playa. Pero aquí...
¿qué puede hacer con este frío?

Ana Clariana

La mamá le dice que es muy exagerado. Y le dice que en los lugares donde nieva, en el **campo** o en la ciudad, los niños también juegan. Luego, le da un abrigo de plumas y una bufanda que ella usaba de pequeña, y le dice que salga con su hermano:

—¡Vamos! ¡A pasear!

Matías sale de la casa enfurruñado. Todo le resulta extraño, casi tan **diferente** como si estuviera en otro **país**. Al llegar a una plaza, ve un enorme cartel que anuncia un concurso de muñecos de nieve. Matías ha visto muñecos de nieve solo en las películas. Así que decide ir a ver cómo los hacen.

Ana Clariana

Matías se siente tímido porque no conoce a nadie. Entonces se sienta en un costado junto a su hermano, para contemplar el trabajo de los demás. Quiere mirar y quiere **aprender**, pero sin molestar. De repente, con un grito amistoso, un niño del grupo los invita:

—¡Necesitamos ayuda para arrastrar la bola! ¡Vengan!

Matías se acerca despacio. Nadie lo sabe, pero este es un momento único para él. ¡Está tocando la nieve por primera vez! ¡Y de una manera tan divertida!

Poco después, con la ayuda de Matías, la tarea **principal** del equipo ya está lista. El muñeco de nieve va tomando forma.

Ana Clariana

El plan, por supuesto, es **obtener** el primer premio. Pero lo más importante es el trabajo en equipo. Cada niño trajo algo, y así lograron **reunir** botones de plástico, piedritas de colores, una zanahoria, un sombrero, **etcétera**, etcétera. ¡Hasta trajeron un caballo de madera!

—Me parece que este vaquero no está completo... —dice uno de los niños.

Matías piensa. ¿Qué puede darle él al muñeco? Entonces se da cuenta... ¡la bufanda de su mamá! Todos aceptan la idea de Matías con aplausos y carcajadas. Están felices porque, sin dudas, el vaquero de nieve es el muñeco más original de todos.

Ana Clariana

Matías ya no tiene frío ni se siente extraño.
Ahora está contento, y de una manera
maravillosa: ¡la manera de descubrir cosas
nuevas! Es fantástico conocer la nieve y,
al mismo tiempo, descubrir nuevos amigos
para jugar con ella.

Además... ¡el vaquero de nieve ha recibido
el primer premio en el concurso!

¿? Haz conexiones

¿En qué cambió la opinión
de Matías sobre la nieve?
Pregunta esencial

Causa y efecto

La **causa** es la razón por la cual sucede algo.
El **efecto** es lo que sucede.

🔍 Busca evidencias en el texto

Busca la causa por la que Matías se sienta
junto a su hermano en el parque.

página 267

Matías se siente tímido porque no
conoce a nadie. Entonces se sienta
en un costado junto a su hermano,
para contemplar
el trabajo de los
demás. Quiere mirar
y quiere **aprender**,
pero sin molestar.

Ana Clariana

Causa		Efecto
Matías se muda a otra ciudad.	→	Todo le resulta nuevo y extraño.
Sale de paseo.	→	Se entera de que hay un concurso de muñecos de nieve.
Lo invitan a hacer un muñeco de nieve.	→	Su equipo gana el concurso.

Tu turno

COLABORA

Comenta causas y efectos de "Un vaquero en la nieve".

¡Conéctate! Usa el organizador gráfico interactivo.

Escribir acerca del texto

Páginas 262-271

Seguí la instrucción: **Explica cómo cambia la opinión de Matías sobre el tiempo en el cuento**.

Hector

Idea principal
Mi primera oración indica la idea principal de mi respuesta.

Gramática

Su mamá es el **sujeto** de la oración.

Ejemplo del estudiante:
Texto informativo

La opinión de Matías cambia a lo largo del cuento. Al principio, a Matías no le gusta la nieve. Cree que no puede hacer nada divertido con ese tiempo. Su mamá lo anima a salir a pasear. Le da un abrigo y una bufanda.

En una plaza, ve un concurso de muñecos de nieve. Unos niños invitan a Matías. Hacen un muñeco de nieve fantástico. Matías hace nuevos amigos. ¡Y descubre que la nieve es divertida!

Escribir una conclusión
Mi última oración funciona como conclusión del texto.

COLABORA

Tu turno

Describe los pasos que dieron los niños para hacer su muñeco de nieve. Incluye evidencias del texto en tu respuesta.

¡Conéctate!
Escribe tu respuesta en línea.
Usa tu lista de comprobación de edición.

Pregunta esencial

¿Qué tradiciones conoces?

¡Conéctate!

Coméntalo

¿Qué está aprendiendo
este niño de su abuela?

(yarn) McGraw-Hill Companies, Inc., Jacques Cornell, photographer; ©Monalyn Gracia/Corbis

¡Tu legado!

ambos

Ambos niños saben la respuesta.

aspecto

¡El **aspecto** del mar es fantástico!

edad

Hoy cumplo un año más de **edad**.

lector

Este niño es un buen **lector**.

libertad

Esta ave vuela en **libertad**.

voz

Aline y su tía tienen
una **voz** muy bella.

impermeable

Con el **impermeable**
no me mojo la ropa.

paraguas

El **paraguas** me
protege de la lluvia.

Tu turno

COLABORA

Lee la oración para cada palabra.
Luego, haz otra oración.

¡Conéctate! Usa el glosario digital ilustrado.

RF.I.3g; L.I.4a   Consulta la sección de los estándares de California.

279

Sonido pr

La palabra **primavera** comienza con el sonido pr.

Con este sonido podemos formar las sílabas pra, pre, pri, pro, pru.

Estas palabras tienen el sonido pr.

prisa	prudente	prestado
promesa	pradera	compra
siempre	profesor	primo

Steve Dorado

Estamos preparando una carrera.

Los tres primeros en llegar recibirán un premio.

Tu turno

 COLABORA

Busca estas palabras con el sonido pr en "En busca de los farolitos perdidos".

primera   primavera   pregunto

pronto   preciosos

Género Ficción realista

Pregunta esencial

¿Qué tradiciones conoces?

Lee acerca de los festejos del Año Nuevo Chino.

¡Conéctate!

Steve Dorado

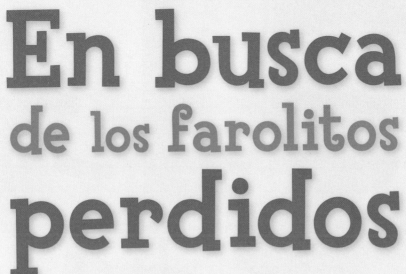

En busca de los farolitos perdidos

Noelia Manzur

Hoy visito por primera vez el barrio
chino. Mi amiga Juli me invitó a pasar
la fiesta de Año Nuevo Chino con su
familia. Así que, para mí, este año
empezará dos veces. ¡Y lo mejor de todo
es que yo estaré en **ambos** festejos!

Steve Dorado

Juli me explica que, para los chinos, el Año Nuevo es también la Fiesta de la Primavera. Y que, según la tradición, cada familia limpia a fondo su casa para recibir el nuevo año con energía renovada.

Mientras todos se ocupan de sus tareas,
Juli me dice en **voz** baja que la suya
corre peligro... Ella es la encargada de
los farolitos, ¡pero no los encuentra
por ningún lado! Nuestra misión es
encontrar los faroles cuanto antes. ¡A
buscarlos, entonces!

Steve Dorado

En la cocina, la mamá nos dice que esperemos para comer *nián gāo*. Así les dicen a los pastelitos de arroz. Mientras tanto, Juli busca disimuladamente en los rincones. Le pregunto en voz baja qué **aspecto** tienen los farolitos perdidos. Y en un susurro me responde que son lámparas de papel, rojas. Ahora tal vez pueda ayudar un poco más.

Buscamos en el cuarto de Kun. Hizo este león él solo. ¡Es un chico muy hábil para su **edad**! Por sus libros, parece que también es un gran **lector**. Hoy, va a bailar la tradicional Danza del León en el desfile. Está con la cabeza ahí dentro, así que ni nos escucha.

Veo un **paraguas** y un viejo **impermeable**, pero ni noticia de los farolitos...

288

¡Allí están los farolitos! ¡Los tenía el travieso de Dino! Pero, ¿para qué los quiere? ¡Él no puede encenderlos! Vamos a colgarlos afuera. Pronto, para que todos los vean.

Se ven los fuegos artificiales: están comenzando los festejos en el vecindario. ¡A la calle!

La noche está estrellada. El desfile es una fiesta de color y **libertad**. Lo que más me gusta es el dragón. Juli dice que el dragón simboliza la fuerza, la salud y la buena suerte en muchos países de Asia. Y yo pienso que, con tantas cosas bonitas, la buena suerte seguro llegará a este vecindario.

Steve Dorado

290

Me encanta ver a la familia de Juli y a todos los vecinos en la calle. Los faroles son preciosos y el león es muy divertido. Eso sí: tendremos que guiar a Kun... ¡Con esa cabeza no sabemos en qué estará pensando!

Haz conexiones

¿Qué tradiciones de otras partes del mundo conoces?

Pregunta esencial

291

Tema

El **tema** de un cuento es la idea más importante o el mensaje que el autor quiere dar a los lectores.

🔍 Busca evidencias en el texto

Busca pistas para descubrir el tema de "En busca de los farolitos perdidos".

página 284

Hoy visito por primera vez el barrio chino. Mi amiga Juli me invitó a pasar la fiesta de Año Nuevo Chino con su familia. Así que, para mí, este año empezará dos veces. ¡Y lo mejor de todo es que yo estaré en **ambos** festejos!

Steve Dorado

Pista

Se comen comidas especiales.

Pista

Muchas personas usan trajes coloridos y tradicionales.

Pista

Las calles y las casas se decoran con farolitos.

Tema

El Año Nuevo Chino es una tradición especial.

COLABORA

Tu turno

Comenta el tema de "En busca de los farolitos perdidos".

¡Conéctate! Usa el organizador gráfico interactivo.

293

Escritura y gramática

Escribir acerca del texto

Páginas 282-291

Kate

Seguí la instrucción: **Escribe una carta de la niña a Juli para agradecerle por un hermoso día.**

Ejemplo del estudiante:
Texto narrativo

Tipos de oraciones
Escribí una oración exclamativa para mostrar entusiasmo.

Detalles descriptivos
Usé la palabra **increíble** para describir la experiencia.

Querida Juli:

Gracias por invitarme a pasar el Año Nuevo Chino. ¡Fue una experiencia increíble!

Aprendí muchas cosas. Aprendí que ese día se celebra la llegada de la primavera. También aprendí que el dragón simboliza la buena suerte.

stricke/iStock/Getty Images Plus/Getty Images

294 W.I.3 Consulta la sección de los estándares de California.

Gramática

En esta oración, **fueron hermosos** es el **predicado**.

Los fuegos artificiales fueron hermosos. También eran preciosos los faroles. El desfile me encantó. Lo que más me gustó fue el dragón.

¡Gracias por compartir esta tradición conmigo!

Con cariño,

Ema

Tu turno

Escribe una carta para invitar a un amigo a participar de una tradición familiar. Explícale qué cosas especiales suelen hacer ese día.

¡Conéctate!
Escribe tu respuesta en línea.
Usa tu lista de comprobación de edición.

L.1.1j Consulta la sección de los estándares de California.

295

¿? Pregunta esencial

¿Por qué tenemos días festivos?

¡Conéctate!

SL.1.1a Consulta la sección de los estándares de California.

Rojo, blanco y azul

Coméntalo

¿Qué están celebrando estas personas?

completo

El cajón de manzanas está **completo**.

crear

Voy a **crear** una torre con estos bloques.

diez

¡Juntamos **diez** cajas de botellas vacías!

luz

Es lindo ver la **luz** del sol entre las ramas.

proponer

¡Voy a **proponer** un aplauso bien fuerte!

tampoco

Hoy **tampoco** iremos a jugar a la plaza.

gracias

¡**Gracias** por las flores, hermanito!

nación

Nuestra **nación** tiene cincuenta estados.

Tu turno

COLABORA

Di la oración para cada palabra. Luego, haz otra oración.

¡Conéctate! **Usa el glosario digital ilustrado.**

RF.I.3g; L.I.4a Consulta la sección de los estándares de California.

299

Sonidos <u>ks</u>, j de la letra x

Algunas veces, la letra x se pronuncia con el sonido ks, como en la palabra **saxofón**.

Otras veces, la letra x se pronuncia con el sonido j, como en la palabra **México**.

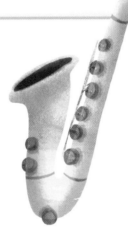

En estas palabras la letra x tiene el sonido <u>ks</u> o j.

examen	éxito	próximo
extenso	Ximena	exacto
oxígeno	Texas	mexicano

Silvia Álvarez Castellar

¡Con mi tío Má<u>x</u>imo tenemos un plan e<u>x</u>celente!

Visitaremos Te<u>x</u>as el 4 de Julio.

Tu turno

COLABORA

Busca estas palabras con el sonido <u>ks</u> o <u>j</u> de la letra *x* en "¡Gracias por la cosecha!".

e<u>x</u>celente e<u>x</u>tensos é<u>x</u>ito e<u>x</u>panden

Pregunta esencial

¿Por qué tenemos días festivos?

Lee acerca de cómo la gente celebra la cosecha.

¡Conéctate!

¡Gracias por la cosecha!

Cada año, los granjeros recogen lo que cultivaron. A ese momento le llamamos cosecha. La cosecha señala el fin de la estación de cultivo y es un momento para festejar.

Agradecer

En nuestra **nación**, las familias celebran la cosecha de muchas maneras. Hacen grandes comidas, fiestas y ferias. La cosecha es un momento excelente para **proponer** encuentros y compartir lo que se cosechó.

Los puestos de las granjas ofrecen verduras y frutas de su cosecha. Por ejemplo, en otoño ofrecen calabazas y manzanas, y en primavera, fresas y tomates.

A lo largo del país, la gente da **gracias** por la cosecha del otoño. Este día es el Día de Acción de Gracias. Se celebra el cuarto jueves de noviembre. Las familias se reúnen a comer y agradecer.

Pero... ¿sabes cómo fue el primer Día de Acción de Gracias?

En 1620, los peregrinos navegaron desde Inglaterra hasta Plymouth, en Massachusetts. Los indígenas de la zona les enseñaron qué debían sembrar.

La primera celebración del Día de Acción de Gracias fue en el año 1621. Los peregrinos que llegaron a Estados Unidos hicieron una fiesta para agradecer la cosecha. Comieron pato, ciervo, maíz y calabazas.

¿Comemos alguna de estas cosas hoy en día?

Hoy, las familias continúan dando gracias con una celebración.

El pavo no puede faltar. **Tampoco** faltan el maíz ni los frijoles.

La idea de esta celebración es agradecer y compartir la cosecha.

Muchas familias preparan platos especiales el Día de Acción de Gracias. Los alimentos de la cosecha del otoño suelen estar en la mesa.

Fiestas y ferias

El Día de Acción de Gracias se festeja de diferentes formas. En muchos estados hay extensos desfiles donde la gente baila y canta. En algunos desfiles los niños se disfrazan. Así, representan la primera celebración del Día de Acción de Gracias.

En Plymouth, la ciudad donde se festejó el Día de Acción de Gracias por primera vez, las personas se disfrazan de peregrinos y de indígenas.

En la Fiesta de la Cosecha de Kentucky, la estrella es el maíz. A la **luz** del sol, una montaña de mazorcas de unos **diez** pies brilla como el oro. Los niños concursan para ver quién pela la mayor cantidad de mazorcas. Las familias, en equipos, hacen juegos de lanzamiento de bolsas rellenas con semillas de maíz.

El lanzamiento de bolsa es popular en las fiestas de Kentucky y Ohio. Los jugadores lanzan su bolsa y tratan de embocarla en un agujero.

Stan Rohrer/Alamy

Kwanzaa, que significa "primeros frutos", es otra fiesta de la cosecha. En ella, se agradecen los cultivos como el maíz, las manzanas y las peras.

La calabaza es un alimento muy **completo**. En algunas ciudades se usan para **crear** botes y hacer carreras. Luego de la carrera, se usan para abonar la tierra.

Kwanzaa comienza el 26 de diciembre. Es una celebración de la cosecha en África. Mucha gente en Estados Unidos festeja Kwanzaa.

¡Estos botes son todo un éxito! Son de la Carrera de Calabazas Gigantes de Oregón.

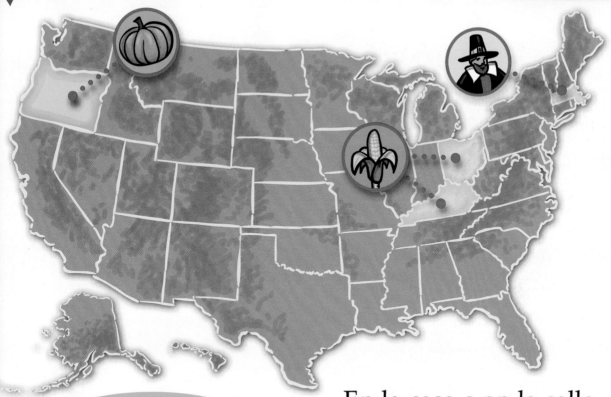

En la casa o en la calle, las celebraciones se expanden por todo el país. ¡La cosecha es un momento de celebración para todos!

Referencias

 Carrera de Calabazas Gigantes de Oregón

 Fiesta de la Cosecha de Kentucky y Ohio

 Peregrinos del primer Día de Acción de Gracias en Massachusetts

 Haz conexiones

¿Cómo celebras tú la cosecha? **Pregunta esencial**

George Hamblin

Propósito del autor

El **propósito del autor** es la razón por la cual el autor escribe un texto.

 Busca evidencias en el texto

Busca una pista que te ayude a comprender el propósito del autor.

página 306

La primera celebración del Día de Acción de Gracias fue en el año 1621. Los Peregrinos que llegaron a Estados Unidos hicieron una fiesta para agradecer la cosecha. Comieron pato, ciervo, maíz y calabazas.

Pista

La primera celebración del Día de Acción de Gracias fue en 1621 para agradecer la cosecha.

Pista

Hoy, las familias continúan dando gracias con una celebración. Hacen desfiles, ferias y festivales.

Propósito del autor

Dar información sobre la primera celebración del Día de Acción de Gracias y sobre cómo se celebra hoy.

Tu turno

COLABORA

Comenta cuál fue el propósito del autor al escribir "¡Gracias por la cosecha!".

¡Conéctate! **Usa el organizador gráfico interactivo.**

Escribir acerca del texto

Páginas 302-311

Grace

Respondí la pregunta: **En tu opinión, ¿cuál es la mejor manera de agradecer por la cosecha?**

Ejemplo del estudiante:
Texto de opinión

Creo que la mejor manera de agradecer por la cosecha es con un festival. ¡Los festivales son muy divertidos! La gente baila y canta. También se hacen desfiles. Todos se visten de manera especial.

Voz del autor
Incluí una exclamación para mostrar lo que me emociona.

Gramática

Las palabras **así que** me permiten coordinar oraciones.

La Fiesta de la Cosecha de Kentucky me parece divertida. Me gustaría entrar en la competencia de pelar mazorcas. ¡Soy muy veloz, así que podría ganar! A mi familia le gusta jugar a lanzar bolsas con semillas de maíz. Los festivales son buenos para divertirse y agradecer la cosecha.

Escribir una conclusión

Resumí mi opinión y mis argumentos en una oración de conclusión.

Tu turno

¿Crees que es importante dar gracias por la cosecha? ¿Por qué?

¡Conéctate!
Escribe tu respuesta en línea.
Usa tu lista de comprobación de edición.

En la parte de abajo de algunas páginas de este libro, verás códigos de letras y números. ¿Qué significan? En **RL.1.1**, **RL** significa estándares de lectura para la literatura. (**R**eading **L**iterature, en inglés). El primer número **1** representa primer grado. El segundo número **1** es el número del estándar.

Área de estudio	Grado	Número del estándar
RL	1	1

Este estándar de California se refiere a hallar evidencia en el texto cuando lees cuentos.

1. Hacen y contestan preguntas sobre los detalles clave de un texto.

Esto quiere decir que vas a aprender a usar detalles y evidencia del texto cuando hables o escribas sobre un cuento. Aprenderás a entender lo que dice directamente el autor en el texto. También aprenderás a hallar un significado más profundo en el texto fijándote en los detalles y en las claves. El autor incluye estas claves en el cuento. ¡Es tarea del lector encontrarlas!

Los estándares de lectura y artes del lenguaje de California están divididos en seis áreas de estudio.

RL = Estándares de lectura para la literatura

RI = Estándares de lectura para texto informativo

RF = Estándares de lectura para destrezas fundamentales

W = Estándares de escritura

SL = Estándares de audición y expresión oral

L = Estándares de lenguaje

A continuación se presentan los estándares de todas esas áreas de estudio. **¡Dales un vistazo!**

Estándares Estatales Comunes para las Artes del Lenguaje en Español y para la Lecto-escritura en Historia y Estudios Sociales, Ciencias y Materias Técnicas

Grado 1

Estándares de lectura para la literatura

Ideas clave y detalles

RL.1.1	Hacen y contestan preguntas sobre los detalles clave de un texto.
RL.1.2	Recuentan cuentos, incluyendo los detalles clave, y demuestran comprensión del mensaje principal o lección.
RL.1.3	Describen personajes, ambientes y acontecimientos importantes en un cuento, usando detalles clave.

Composición y estructura

RL.1.4	Identifican palabras y frases en cuentos o poemas que sugieren sentimientos o apelan a los sentidos. (Ver los estándares 4-6 de lenguaje para expectativas adicionales).
RL.1.5	Explican las diferencias principales entre libros de cuentos y libros que ofrecen información, usando una amplia variedad de lectura en diferentes tipos de texto.
RL.1.6	Identifican al narrador del cuento en varios momentos del texto.

Integración de conocimientos e ideas

RL.1.7	Usan las ilustraciones y detalles de un cuento para describir a los personajes, ambientes o acontecimientos.
RL.1.9	Comparan y contrastan las aventuras y experiencias de los personajes en los cuentos.

Nivel de lectura y de complejidad del texto

RL.1.10	Con sugerencias y apoyo, leen prosa y poesía de complejidad apropiada para el primer grado.
RL.1.10a	Activan el conocimiento previo relacionado con la información y acontecimientos en los textos.
RL.1.10b	Confirman las predicciones sobre lo que sucederá después en el texto.

Estándares de lectura para texto informativo

Ideas clave y detalles

RI.1.1	Hacen y contestan preguntas sobre los detalles clave en un texto.
RI.1.2	Identifican el tema principal y recuentan los detalles clave de un texto.
RI.1.3	Describen la relación entre dos personas, acontecimientos, ideas, o elementos de información en un texto.

Composición y estructura

RI.1.4	Hacen y contestan preguntas para determinar o aclarar el significado de palabras y frases en un texto. (Ver los estándares 4-6 de lenguaje para expectativas adicionales).
RI.1.5	Conocen y usan varias estructuras de texto (por ejemplo: la secuencia) y características de texto (por ejemplo: encabezados, tablas de contenido, glosarios, menús electrónicos, iconos), para localizar los datos clave o información en un texto.
RI.1.6	Distinguen entre la información proporcionada por imágenes u otras ilustraciones y la información contenida en las palabras de un texto.

Integración de conocimientos e ideas

RI.1.7	Usan las ilustraciones y los detalles en un texto para describir las ideas clave.
RI.1.8	Identifican las razones que un autor ofrece para apoyar los puntos en un texto.
RI.1.9	Identifican las semejanzas y diferencias básicas entre dos textos sobre el mismo tema (por ejemplo: en las ilustraciones, descripciones o procedimientos).

Nivel de lectura y de complejidad del texto

RI.1.10	Con sugerencias y apoyo, leen textos informativos de complejidad apropiada para el primer grado.
RI.1.10a	Activan el conocimiento previo relacionado con la información y acontecimientos en los textos.
RI.1.10b	Confirman las predicciones sobre lo que sucederá después en el texto.

Estándares de lectura: Destrezas fundamentales

Conceptos de lo impreso

RF.1.1	Demuestran comprensión de la organización y características básicas de los materiales impresos.
RF.1.1a	Reconocen las características de una oración, por ejemplo: uso de mayúsculas en la primera palabra, puntuación final, uso de los signos de interrogación (¿?), exclamación (¡!), y guión largo para abrir y cerrar un diálogo.

Acentuación

RF.1.1b	Reconocen que el acento escrito (acento ortográfico) es una marca que se llama tilde colocada sobre una vocal y que indica dónde recae el énfasis de la palabra.
RF.1.1c	Reconocen que el acento escrito indica a veces un significado distinto en palabras que se escriben con las mismas letras (si, sí; te, té; tu, tú); en ese caso se llama acento diacrítico.

Conciencia fonológica

RF.1.2	Demuestran comprensión de las palabras pronunciadas oralmente, las sílabas y los sonidos (fonemas).
RF.1.2a	Distinguen los sonidos (fonemas) de las vocales en palabras.
RF.1.2b	Forman oralmente palabras de una sílaba al combinar sonidos (fonemas), incluyendo combinaciones de consonantes (las, mar, sal).
RF.1.2c	Separan y pronuncian fonemas tales como la vocal inicial y media y los sonidos finales en palabras pronunciadas oralmente de una sola sílaba (monosilábicas).
RF.1.2d	Dividen palabras monosilábicas en secuencia completa por sus sonidos individuales (fonemas).
RF.1.2e	Dividen palabras bisílabas CVCV en las sílabas que las componen: me-sa, ca-ma, ca-sa, pe-rro, ga-to.

Acentuación

RF.1.2f	Distinguen oralmente los sonidos de las vocales en una sola sílaba que forman un diptongo (auto, lluvia, agua, aire, ciudad).
RF.1.2g	Reconocen que una sílaba puede consistir de una sola vocal (a-mo; mí-o; dí-a; vi-ví-a; a-brí-a; o-jo; u-ña; e-so).

Fonética y reconocimiento de palabras

RF.1.3	Conocen y aplican la fonética y las destrezas de análisis de palabras al nivel de grado, en la decodificación de palabras, tanto en forma aislada como en un texto.
RF.1.3a	Conocen la correlación grafo-fónica para los tres dígrafos consonánticos: ch, ll, rr (chile, lluvia, perro).
RF.1.3b	Distinguen entre las sílabas abiertas (terminadas en vocal) y las sílabas cerradas (terminadas en consonante).
RF.1.3c	Distinguen entre las vocales fuertes (a,e,o) y las vocales débiles (i,u) que se juntan en una sílaba para formar diptongo.
RF.1.3d	Usan el conocimiento de que toda sílaba debe de tener por lo menos el sonido de una vocal para determinar el número de sílabas en una palabra escrita (ejemplo: sílabas con una sola vocal, diptongos o triptongos).
RF.1.3e	Decodifican palabras de dos y tres sílabas siguiendo patrones básicos al dividir las palabras en sílabas.
RF.1.3f	Leen palabras con inflexiones al final (género -o/-a; número –os/-as, aumentativos –ote y diminutivos -ito).
RF.1.3g	Reconocen y leen a nivel de grado, palabras de ortografía complejas (b-v; c-s-z-x; c-k-qu; g-j; y-ll; r-rr; m-n).
RF.1.3h	Reconocen combinaciones consonánticas (consonante + l; consonante + r) en palabras ya conocidas que contienen letras líquidas (blanco, planta, grande, tronco, traspaso, claro, trabajo, otra, cuatro).

Acentuación

RF.1.3i	Distinguen entre las vocales y las consonantes y reconocen que sólo las vocales llevan acento escrito.
RF.1.3j	Reconocen que el acento escrito (acento ortográfico) es una marca colocada sobre una vocal que indica cuál es la sílaba de mayor énfasis de la palabra y que sigue las reglas ortográficas.

Fluidez

RF.1.4	Leen con suficiente precisión y fluidez para apoyar la comprensión.
RF.1.4a	Leen textos a nivel de grado, con propósito y comprensión.
RF.1.4b	Leen oralmente textos a nivel de grado con precisión, ritmo adecuado y expresión en lecturas sucesivas.
RF.1.4c	Usan el contexto para confirmar o autocorregir el reconocimiento de las palabras y la comprensión, releyendo cuando sea necesario.

Estándares de escritura y redacción

Tipos de textos y sus propósitos

W.1.1	Escriben propuestas de opinión en las cuales presentan el tema o título del libro sobre el cual están escribiendo, expresan su opinión, ofrecen la razón para esa opinión y cierto sentido de conclusión.
W.1.2	Escriben textos informativos y explicativos en los cuales identifican un tema, ofrecen algunos datos sobre dicho tema y proveen cierto sentido de conclusión.
W.1.3	Escriben narraciones en las cuales recuentan dos o más acontecimientos en secuencia adecuada, incluyen algunos detalles relacionados con lo que sucedió, usan palabras que describen el tiempo para señalar el orden de los acontecimientos y ofrecen cierto sentido de conclusión.

Producción y redacción de la escritura

W.1.5	Con la orientación y el apoyo de adultos, se enfocan en un tema, responden a las preguntas y sugerencias de sus compañeros y añaden detalles para mejorar el escrito según sea necesario.
W.1.6	Con la orientación y el apoyo de adultos, usan una variedad de herramientas digitales para producir y publicar escritos, incluso en colaboración con sus compañeros.

Investigación para la formación y presentación de conocimientos

W.1.7	Participan en proyectos compartidos de investigación y escritura (por ejemplo: exploran una serie de libros sobre "cómo funciona" o "cómo se hace algo", sobre un tema determinado y los usan para escribir una secuencia de instrucciones).
W.1.8	Con la orientación y el apoyo de adultos, recuerdan información de experiencias o recopilan información de diversas fuentes que se les ofrece para contestar una pregunta.

Estándares de audición y expresión oral

Comprensión y colaboración

SL.1.1	Participan en conversaciones colaborativas con diversos compañeros y adultos en grupos pequeños y grandes sobre temas y textos apropiados al primer grado.
SL.1.1a	Siguen las reglas acordadas para participar en conversaciones (por ejemplo: escuchar a los demás con atención, hablar uno a la vez sobre los temas y textos que se están tratando).
SL.1.1b	Toman en cuenta lo que los demás dicen en conversaciones, respondiendo a los comentarios que otros hacen a través de múltiples intercambios.
SL.1.1c	Hacen preguntas para aclarar cualquier confusión sobre los temas y los textos que se están tratando.
SL.1.2	Hacen y contestan preguntas sobre los detalles clave en un texto leído en voz alta, o información presentada oralmente o a través de otros medios de comunicación.
SL.1.2a	Dan, repiten y siguen instrucciones simples de dos pasos.
SL.1.3	Hacen y contestan preguntas sobre lo que dice quien habla a fin de obtener información adicional o aclarar algo que no se entiende.

Presentación de conocimientos y de ideas

SL.1.4	Describen a personas, lugares, cosas y acontecimientos con detalles relevantes, expresando sus ideas y sentimientos con claridad.
SL.1.4a	Memorizan y recitan con expresión, poemas, rimas y canciones.
SL.1.5	Añaden dibujos u otros medios visuales a las descripciones cuando es adecuado, para aclarar ideas, pensamientos y sentimientos.
SL.1.6	Forman oraciones completas cuando es adecuado según la tarea y situación. (Ver los estándares 1-3 de lenguaje para expectativas adicionales).

Grado 1

Estándares de lenguaje

Normas y convenciones del español

L.1.1	Demuestran dominio de las normativas de la gramática del español y su uso al escribir y al hablar.
L.1.1a	Escriben con letra de molde todas las letras mayúsculas y minúsculas.
L.1.1b	Usan sustantivos comunes y propios.
L.1.1c	Usan el sustantivo en su forma singular o plural empleando la concordancia correcta entre sustantivo y verbo en oraciones básicas (ejemplo: el niño brinca; los niños brincan).
L.1.1d	Usan pronombres personales, (sujeto, objeto) pronombres posesivos e indefinidos (yo, me, mi, mío, alguien). Reconocen el uso formal e informal entre tú /usted.
L.1.1e	Usan verbos regulares para comunicar la noción del tiempo pasado, presente y futuro (ejemplo: Ayer caminé a casa. Hoy camino a casa. Mañana caminaré a casa).
L.1.1f	Usan adjetivos que se utilizan con frecuencia notando concordancia de género y número con el sustantivo.
L.1.1g	Usan conjunciones que se utilizan con frecuencia (ejemplo: y, pero, o, así que, porque).
L.1.1h	Usan determinativos tales como los artículos o pronombres demostrativos, reconociendo la concordancia de género y número (ejemplo: los libros, esos libros; las niñas, aquellas niñas).
L.1.1i	Usan correctamente las preposiciones que se utilizan con frecuencia (ejemplo: sin, según, desde, hasta, hacia).
L.1.1j	Producen y elaboran oraciones declarativas, interrogativas, imperativas y exclamativas, simples y compuestas al responder a sugerencias o pautas.
L.1.1k	Leen palabras compuestas (abrelatas, anteojos, sacapuntas) y separan las dos palabras que las componen.
L.1.1l	Reconocen y explican la formación de las dos contracciones del español: al = a + el, del = de + el.
L.1.2	Demuestran al escribir dominio de las normativas del español para el uso de las letras mayúsculas, signos de puntuación y ortografía.
L.1.2a	Emplean la mayúscula al escribir nombres de personas, lugares, nombres de días festivos (Navidad, Año Nuevo, etc.) y eventos importantes (Cinco de Mayo).
L.1.2b	Usan la puntuación correcta para empezar y/o finalizar las oraciones, incluyendo el uso correcto de los signos de interrogación ¿?; y de exclamación ¡!.

L.1.2c	Reconocen la función de la coma para enumerar y separar palabras en una serie.
L.1.2d	Usan ortografía convencional para palabras con patrones ortográficos comunes y para palabras de ortografía compleja de uso frecuente.
L.1.2e	Deletrean fonéticamente palabras desconocidas, usando la fonética, el reconocimiento de palabras y las normativas de la ortografía.

Acentuación

L.1.2f	Reconocen el acento escrito en palabras sencillas y ya conocidas (mamá, papá, José).

Adquisición y uso de vocabulario

L.1.4	Determinan o aclaran el significado de palabras y frases desconocidas y de palabras y frases con significados múltiples, en base a la lectura y el contenido académico de primer grado, eligiendo con flexibilidad entre una serie de estrategias.
L.1.4a	Usan el contexto de la oración para entender el significado de una palabra o frase.
L.1.4b	Usan los afijos de uso frecuente para entender el significado de una palabra.
L.1.4c	Identifican la raíz de las palabras de uso frecuente (por ejemplo: mirar) y sus formas de inflexión (ejemplo: miradas, miró, mirando).
L.1.5	Con la orientación y el apoyo de adultos, demuestran comprensión de las relaciones entre las palabras y sus matices de significado.
L.1.5a	Ordenan las palabras en categorías (ejemplo: colores, ropa) para obtener un sentido de los conceptos que representan las categorías.
L.1.5b	Definen las palabras por categoría y por uno o más atributos clave (ejemplo: un pato es un ave que nada; un tigre es un felino grande con rayas).
L.1.5c	Identifican las conexiones en la vida real entre las palabras y sus usos (ejemplo: nombran lugares acogedores en el hogar).
L.1.5d	Distinguen los matices de significado entre verbos que son sinónimos pero que difieren en connotación (ejemplo: mirar, ver, ojear, observar, contemplar) y adjetivos que difieren en intensidad (ejemplo: grande, gigantesco) al definirlos o elegirlos, o mediante la actuación de sus significados.
L.1.6	Usan las palabras y las frases que han aprendido a través de conversaciones, al leer y al escuchar cuando se les lee, al responder a los textos, incluyendo el uso de conjunciones de uso frecuente, para indicar las relaciones entre ideas (ejemplo: *Le he puesto el nombre Mordisco a mi hámster porque le gusta mucho mordisquear*).